실무전문가로부터 배우는

비즈니스
커뮤니케이션

김민주 · 김시원 · 박은숙 · 선진영 · 심주리 공저

다락원

머리말

우리는 타인과의 다양한 관계 속에서 살아가고 있으며, 우리의 생활은 모두 커뮤니케이션으로 이루어진다. 특히 개인과 조직의 가치 창출 활동은 커뮤니케이션을 통해 이루어지기 때문에 비즈니스 커뮤니케이션은 매우 중요하다고 말할 수 있다. 비즈니스 커뮤니케이션은 개인과 개인의 의사소통뿐 아니라 개인과 조직, 집단과 조직 간의 커뮤니케이션을 모두 포함하며, 구두에 의한 커뮤니케이션뿐 아니라 이미지 메이킹, 매너들도 모두 포함한다.

이번에 출간되는 〈실무전문가로부터 배우는 비즈니스 커뮤니케이션〉은 각 분야별 전문가들이 모여 회의와 토론을 거듭하여 완성한 교재로, 서로의 이견(異見)을 조화롭게 다듬어 학생들이 비즈니스 커뮤니케이션의 기초를 익히는 데에 목적을 둔 교재이다.

PART 01은 비즈니스 커뮤니케이션에 대한 개념 및 이론에 관한 부분으로 비즈니스 커뮤니케이션에 대한 사고체계의 틀을 형성한다. 커뮤니케이션의 중요성, 효과적 커뮤니케이션 기법, 직장 내 비즈니스 커뮤니케이션의 종류를 익힐 수 있으며 특히 비즈니스 회의와 프레젠테이션 등 직장 내에서 필요한 실무적인 부분이 포함되어 있어 직장생활을 준비하는 사회초년생들에게 도움이 될 수 있도록 구성하였다.

PART 02는 비즈니스 매너로 일반 매너, 고객응대 매너, 직장에서 상호 간 지켜야 하는 매너까지 단계별로 제시하였다. 올바른 비즈니스 매너를 학습함으로써 사회구성원으로 서로가 상호 존중할 수 있도록 실질적 실천방안을 제시하였고, 특히 직장 내 근무 중 매너 등 업무 현장에서 적용할 수 있는 예절과 에티켓이 포함되어 있어 실무적인 부분을 강조하였다.

PART 03은 이미지와 이미지 메이킹으로 이미지의 개념부터 이미지 메이킹이란 무엇인지, 면접 이미지 메이킹을 잘 해나가기 위해서는 어떻게 연출해야 하는지를 다루었다. 또한 상황별 이미지 메이킹, 보이스 트레이닝, 컬러 이미지 등도 제시하고 있어

자신을 잘 표현하는 방법을 알 수 있으며 발전할 수 있도록 구성하였다.

PART 04는 커뮤니케이션 스킬로 실질적인 커뮤니케이션 스킬 역량향상을 위한 실습 위주로 구성하였다. 언어적·비언어적 커뮤니케이션 기술부터 대면 혹은 비대면 상황에서도 활용할 수 있도록 예문을 제시하였으며 학습자가 스스로 연습할 수 있도록 기회를 제공하였다. 언택트 시대에도 좋은 매너와 언어적·비언어적 커뮤니케이션 스킬은 중요하므로 상황에 맞는 연습을 통해 나만의 커뮤니케이션 스킬을 갖출 수 있도록 구성하였다.

PART 05는 글로벌 문화의 이해로 문화의 특성과 기능, 이론에 관한 부분과 함께 문화의 다양성, 국외여행 매너, 테이블 매너, 세계 각국의 에티켓까지 문화에 대한 이해를 위하여 구성하였으며 성공적인 글로벌 비즈니스 커뮤니케이션을 위해 지녀야 하는 매너 위주로 제시하였다.

다양한 전문가들이 과연 이 책을 통하여 비즈니스 커뮤니케이션의 기초를 다듬을 수 있을지 처음에는 의문이었다.

공공기관에 근무를 하면서 인사교육에서 느낀 커뮤니케이션에 관한 어려움, 호텔 교과목을 가르치면서 기본적인 비즈니스 마인드 교육의 절실함, 관광업과 여행업에 종사하면서 느낀 커뮤니케이션의 부재, 항공사에 근무하며 교관으로서 느꼈던 애로사항 등을 집대성하기에는 너무나 부족한 시간이었다.

하지만 부족한 시간이었음에도 회의와 고심을 거듭한 끝에 드디어 비즈니스 커뮤니케이션에 관한 책을 발간하게 되어서 너무나 감회가 새롭다.

다양한 변화를 겪는 지금, 비대면 상황에 익숙해지고 있는 우리는 새로운 환경에 적응할 새로운 아이디어를 고민하고 있다. 언택트 시대라고는 하지만 좋은 매너와 비즈니스 커뮤니케이션을 갖춘 인재가 역시나 성공하고 성장한다고 믿는다.

현실에서 비대면이 활성화되면서 대면 비즈니스 커뮤니케이션에 어려움을 느끼는 분들에게 이번에 출간되는 〈실무전문가로부터 배우는 비즈니스 커뮤니케이션〉이 기본적인 커뮤니케이션의 초석(楚石)이 되었으면 한다.

저자 일동

이 책의 구성

분야별 전문가의 살아있는 지식

각 파트별 실무 전문가가 비즈니스 커뮤니케이션에 있어 꼭 알아두어야 할 핵심적인 사항만을 요약정리하여 수록하였다.

1 비즈니스 커뮤니케이션

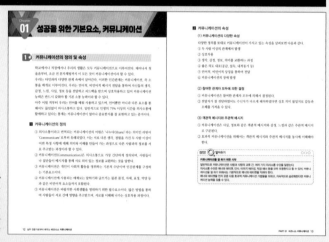

성공을 위한
커뮤니케이션
기초학습

2 비즈니스 매너

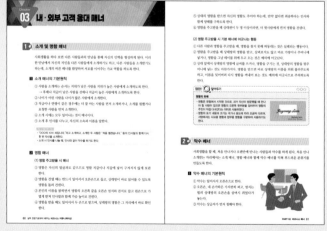

비즈니스의
기본적인 매너에
대한 반복학습

Chapter 02 이미지 메이킹

1 이미지 메이킹의 개념 및 효과

1 이미지 메이킹의 개념

2 이미지 메이킹의 효과

자아 존중감의 디자인 효과	
대인관계 향상 효과	
객관적인 이미지평가 가능	

2 이미지 메이킹의 기법

1 자신의 장·단점 정확히 파악하기

비즈니스에 필수적인
이미지 메이킹 학습

2 롤모델 선정하기

3 자신만의 개성 만들기

4 자신을 상품화하기

5 자신을 브랜드화시켜 판매하기

Chapter 02 언어적 커뮤니케이션 스킬

1 언어적 커뮤니케이션(Verbal communication) 스킬

1 개요

2 말하기 기본원칙

(1) 정확하게 말하기

(2) 단어를 정확하게 발음하기

(3) 천천히 말하기

(4) 목소리 가다듬기

(5) 목소리에 힘주어 말하기

커뮤니케이션
스킬 향상을 위한
심화학습

(6) 알맞은 목소리 크기로 말하기

3 언어적 커뮤니케이션 스킬 향상을 위한 방법

2 활용 가능한 커뮤니케이션 스킬

1 신뢰 화법

다미래앙형화법		

2 쿠션 화법

Chapter 02 글로벌 매너

1 에절, 에티켓, 매너

1 에절

(1) 개념

(2) 에절의 어원

(3) 에절의 특징

(4) 에절의 필요성

세계를 향한
글로벌 매너
기초학습

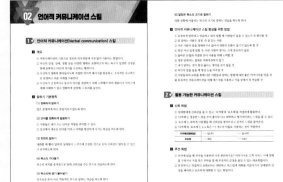

2 에티켓

(1) 개념

(2) 에티켓의 유래

목차

비즈니스 커뮤니케이션

성공을 위한 기본요소, 커뮤니케이션

1 커뮤니케이션의 정의 및 속성

학교에서나 직장에서나 우리의 생활은 모두 커뮤니케이션으로 이루어진다. 태어나서 첫 울음부터, 조금 전 문자채팅까지 이 모든 것이 커뮤니케이션이라 할 수 있다.

우리는 타인과의 다양한 관계 속에서 살아간다. 이러한 인간관계는 커뮤니케이션, 즉 소통을 매개로 이루어진다. 우리는 언어적, 비언어적 메시지 전달을 통하여 자신들의 생각, 감정, 느낌, 사실, 정보 등을 전달하고 피드백을 받으며 상호작용하고 있어 커뮤니케이션 능력은 반드시 갖춰야 할 기본 소통 능력이라 할 수 있다.

아주 어릴 적부터 우리는 언어를 배워 사용하고 있으며, 언어뿐만 아니라 다른 요소를 통해서도 끊임없이 의사소통하고 있다. 일반적으로 인생의 75% 이상의 시간을 의사소통에 할애하고 있다는 통계는 커뮤니케이션이 얼마나 중요한지를 잘 표현하고 있는 증거이다.

1 커뮤니케이션의 정의

① 의사소통이라고 번역되는 커뮤니케이션의 어원은 '나누다(Share)'라는 의미인 라틴어 'Communicare'로부터 유래되었다. 이는 서로 다른 생각, 경험을 가진 두 사람 이상이 어떤 특정 사항에 대해 의미와 이해를 만들어 가는 과정으로 다른 사람과의 정보를 서로 주고받는 과정이라 할 수 있다.

② 커뮤니케이션(Communication)은 의사소통으로 가장 간단하게 정의되며, 사람들이나 집단들이 메시지를 통해 서로 의미 있는 정보를 교환하는 것을 말한다.

③ 커뮤니케이션은 개인이 사회적 활동을 영위하는 기본적 수단이며 인간관계를 구성하는 기본요소이다.

④ 커뮤니케이션에 사용되는 매체로는 말하기와 글쓰기는 물론 몸짓, 자세, 표정, 억양 등과 같은 비언어적 요소들까지 포함된다.

⑤ 커뮤니케이션은 바람직한 사회생활을 영위하기 위한 필수요소이다. 많은 방법을 통하여 사람들이 서로 간에 영향을 주고받으며, 서로를 이해해 나가는 상호작용 과정이다.

2 커뮤니케이션의 속성

(1) 커뮤니케이션의 다양한 속성

다양한 정의를 토대로 커뮤니케이션이 가지고 있는 속성을 살펴보면 다음과 같다.

① 두 사람 이상의 관계에서 발생
② 상호작용
③ 생각, 감정, 정보, 의미를 교환하는 과정
④ 좋은 의도 내포(공감, 설득, 내적동기 등)
⑤ 언어적, 비언어적 상징을 통하여 전달
⑥ 커뮤니케이션의 장애 발생

(2) 참여한 관계자 모두에 의한 결정

① 커뮤니케이션은 참여한 관계자 모두에 의해서 결정된다.
② 전달자가 잘 전달하였어도 수신자가 다르게 해석하였다면 상호 의미 불일치로 갈등과 오해를 가져올 수 있다.

(3) 객관적 메시지와 주관적 메시지

① 커뮤니케이션은 사실, 정보와 같은 객관적 메시지와 감정, 느낌과 같은 주관적 메시지로 구분된다.
② 효과적 커뮤니케이션을 위해서는 객관적 메시지와 주관적 메시지를 동시에 이해해야 한다.

잠깐! 🔍 알아두기 ○○○

커뮤니케이션을 잘 하기 위한 시작

일반적으로 커뮤니케이션은 사람과 사람의 교류 간, 여러 가지 의사소통 수단을 일컫는다.
의사소통 수단은 매너와 에티켓, 인사, 이미지 메이킹, 직장 매너 등을 모두 포함한다고 할 수 있으므로, 커뮤니케이션을 잘 하기 위해서는 기본적으로 매너와 에티켓을 익혀야 한다.
매너와 에티켓을 먼저 갖춘 다음 효과적 커뮤니케이션 기법들을 더하고, 지속적으로 습관화한다면 커뮤니케이션 능력을 갖출 수 있다.

2 커뮤니케이션의 목적

선한 의도에서 출발하는 커뮤니케이션의 목적은 3가지로 공유, 설득, 동기부여이다.

1 공유

정보제공 및 공유를 위한 커뮤니케이션은 상대방에게 사실이나 정보, 지식 등을 제공하고 공유함으로써 상대방으로부터 새로운 아이디어나 피드백을 얻고자 하는 것이다.

> **대표적인 예** 공지사항 전달을 위한 미팅이나 교육, 원인과 해결방안 모색을 위한 아이디어 회의 등

2 설득

상대의 가치관이나 신념, 태도를 자신이 의도하는 방향과 일치하도록 변화시키거나 재강화하는 것을 설득이라고 정의한다. 이를 통해 상대로부터 자신이 주장하는 바를 믿고 따르거나 행동하도록 한다.

> **대표적인 예** 수주를 위한 프레젠테이션, 상사의 결재나 경영진의 의사결정을 얻기 위한 비즈니스 문서, 발표, 구직면접 등

3 동기부여

동기부여를 위한 커뮤니케이션은 좀 더 관계적인 속성이 강하고, 상대에게 열정과 의욕, 내적동기, 즐거움을 불러일으킨다.

> **대표적인 예** 칭찬, 면담 중 격려와 응원, 신입사원 입사 축사 및 격려사 등

3 커뮤니케이션의 유형

커뮤니케이션은 상징체계에 따라 언어적 방법을 이용한 커뮤니케이션과 비언어적 방법을 이용한 커뮤니케이션으로 구분한다. 좀 더 상세하게 구분하면 언어적 커뮤니케이션은 구어(口語, Oral), 구두에 의한 커뮤니케이션과 문어(文語, Written), 문서(기록)에 의한 커뮤니케이션으로 구분하기도 한다.

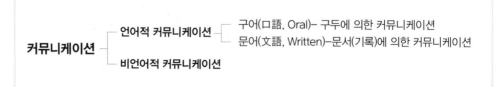

커뮤니케이션
- **언어적 커뮤니케이션**
  - 구어(口語, Oral)– 구두에 의한 커뮤니케이션
  - 문어(文語, Written)–문서(기록)에 의한 커뮤니케이션
- **비언어적 커뮤니케이션**

1 언어적 커뮤니케이션

(1) 구두에 의한 커뮤니케이션 유형

① 일반적으로 커뮤니케이션의 가장 기본이 되는 것으로 정보와 의사전달에 있어 가장 빈번히 사용되는 방법으로 직접성, 효율성, 즉시성의 장점을 가진다.

② 언어를 통해 자신의 생각을 전달하고 다른 사람의 생각 또한 언어를 통해 수신하여 이해하는 것으로 듣는 사람이 정확하게 이해할 수 있도록 정확하고 명확한 언어 메시지를 사용해야 한다.

③ 직장인들은 구두에 의한 커뮤니케이션을 선호하는 경향이 있다. 이는 기록에 의한 커뮤니케이션(메모나 편지를 쓰는 것)에 비해 훨씬 신속하고 편리하기 때문이다. 대표적인 예로는 직접 대면과 영상 및 전화에 의한 방법이 있다.

④ 효과적인 구두에 의한 커뮤니케이션이 이루어지기 위해서는 말하기를 잘해야 하지만 경청하여 듣기, 이해와 공감 등도 함께 이루어져야 한다.

(2) 문서(기록)에 의한 커뮤니케이션 유형

① 전달내용이 중요하거나 반드시 남겨야 할 때에는 문서(기록)에 의한 커뮤니케이션을 선호하며 공식적이고 명확성을 가지는 특징이 있다. 대표적인 경우는 일반적인 정보공유, 향후 다시 참고해야 하는 사안 등이 있다.

② 비즈니스 현장의 중요한 커뮤니케이션은 문서(기록)를 통해 이루어지는 경우가 많다. 회의나 미팅을 하더라도 그 결과는 회의록으로 기록해서 보관된다. 비즈니스 문서는 그 자체가 효력을 가지고 있는 도구이면서 직장 내 가장 보편화된 커뮤니케이션이라 할 수 있다.

③ 문서(기록)에 의한 커뮤니케이션의 방법은 서신, 이메일, 보고서, 안내서, 협조문, 공람, 회람 등이 포함된다.

잠깐! 알아두기

디지털 사회로 전환되면서 글쓰기에 의한 커뮤니케이션의 중요성은 오히려 커지고 있다. 점점 메신저, 카드 뉴스(사진+자막), 이메일 등으로 의사소통을 하는 기회가 많아지고 있다. 다양한 디지털 매체를 통해 이루어지는 커뮤니케이션에 대해서도 관심을 기울이도록 한다.

2 비언어적 커뮤니케이션

(1) 비언어적 커뮤니케이션 정의

① 커뮤니케이션하는 데 반드시 언어를 사용해야 하는 것은 아니다. 비언어적 커뮤니케이션은 언어 사용 없이 보디랭귀지나 표정, 눈빛 등으로 감정이나 생각을 소통하는 방법이다.

② 언어와 더불어 여러 가지 기능을 수행하며 정보전달에 있어서 상황이나 해석에 대한 중요한 단서가 될 수 있다. 예를 들어 이미지, 매너, 목소리, 자세, 태도 등 모두 포함된다.

③ 감정을 전달하거나 타인과의 상호작용, 정서적인 부분에서 비언어적 커뮤니케이션이 약 93%를 담당하고 있는 것으로 연구(메라비안 법칙)되기도 한다. 하지만 메시지에 주는 전체 영향력은 언어적, 비언어적 커뮤니케이션을 함께 사용하는 것이 가장 효과적이다.

(2) 비언어적 커뮤니케이션을 강조한 메라비언의 법칙

① '메라비언의 법칙(The law of Mehrabian)'은 효과적인 의사소통과 인간관계를 만드는 데 있어서 언어적 요소보다 비언어적 요소의 영향력이 더 크다는 것을 보여준다.

② 상대방에 대한 호감이나 인상을 결정하는 요인으로 7%(Words,언어, 말의 내용) < 38%(Tone of voice, 청각, 목소리) < 55%(Non-verbal behavior, 시각, 보디랭귀지)가 작용한다는 법칙이다.

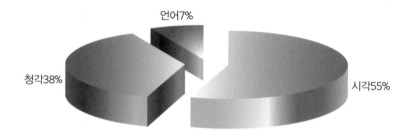

언어7%
청각38%
시각55%

잠깐! 🔍 알아두기　　　　○○○

메라비언의 법칙(The Law of Mehrabian)

'메라비언의 법칙(The Law of Mehrabian)'은 심리학자 앨버트 메라비언(Albert Mehrabian)의 저서 《Silent Messages》(1971)에 발표된 이론으로 의사소통 현장에서 중요시된다.

메시지를 전달하기 위하여 3가지 기본요소
1️⃣ 언어 – 말의 내용(Words)
2️⃣ 청각 – 목소리(Tone of voice)
3️⃣ 시각 – 바디랭귀지(Non-verbal behavior)

메시지가 의미 있고 효과적으로 전달되기 위해서는 이 3가지 요소들이 서로 잘 일치되어야 한다. 만약 3가지 요소들이 각기 다르게 나타나는 경우 메시지 수신자는 발신자의 의도를 파악하는데 있어 혼란을 가져오게 되어 결과적으로 발신자의 의도와 다른 해석을 할 수 있다는 것이다.
이때 메시지 수신자는 언어적 요소보다 비언어적 요소에 더 큰 비중을 두어 해석한다고 한다.
즉 말의 내용(언어)과 목소리(청각) 그리고 보디랭귀지(시각)가 서로 일치하지 않으면 수신자들은 보디랭귀지(시각-비언어적 요소)를 더 믿는 경향이 있다는 것이다.

4 상황에 맞는 커뮤니케이션

언어적 커뮤니케이션에 있어서 더 중요한 것은 효과적인 커뮤니케이션을 위해서는 상황에 따라서 서로 다른 방법이 요구된다는 것을 이해해야 한다.

커뮤니케이션 목적(상황)	효과적인 방법
긴급 하거나, 즉각적 행동유발이 필요할 때	구두에 의한 커뮤니케이션과 문서(기록)에 의한 커뮤니케이션을 함께 사용
회사 주요 안건의 소통, 지시 등	
직원 간의 소통 및 갈등 해결	구두에 의한 커뮤니케이션
일반적 정보전달, 장기적 행동유발	문서(기록)에 의한 커뮤니케이션

❶ 커뮤니케이션의 장·단점

(1) 구두에 의한 커뮤니케이션

장점	단점
• 직접적이며 오해가 적음 • 즉시성과 효율성 • 자연스러운 상호 커뮤니케이션	• 기록이 남지 않음 • 비즈니스에 적용하기 어려움 • 상호 간 일정 조율 필요

(2) 문서(기록)에 의한 커뮤니케이션

장점	단점
• 영구적 기록 가능 • 정교한 메시지 전달 가능 • 상호일정 관계없이 작성, 검토	• 공식적 기록을 위한 많은 준비 (글쓰기 능력 등) • 비교적 시간이 더 소요됨

5 효과적 커뮤니케이션 방안

우리 주위를 돌아봐도 커뮤니케이션이 조금 부족한 사람과 커뮤니케이션이 굉장히 능수능란한 사람을 쉽게 볼 수 있다. 특정한 상황에서 효과적인 커뮤니케이션을 하는 사람은 일반 사람보다 자신이 의도한 대로 대화를 유도해 가는 커뮤니케이션 능력이 있는 것이다. 이 커뮤니케이션 능력은 타고난 능력이 아니라 연구와 반복된 연습 과정을 통해 얻을 수 있다고 믿는다.

❶ 커뮤니케이션의 중요성

① 커뮤니케이션은 일상의 삶에서 대단히 중요한 부분을 차지하며 보편적인 생활에서 커뮤니케이션 활동이 차지하는 비율은 전체의 3/4 정도라고 말할 수 있다.

② 개개인을 묶어 사회가 만들어지고, 커뮤니케이션을 통해 한 개인이 다른 사람과 연결될 수 있다. 이러한 커뮤니케이션 역할을 통해 유기적 관계가 형성되고 유지되며, 이는 조직의 목표를 달성하는 기본수단이 된다.

③ 커뮤니케이션이 효과적으로 기능을 하면 의도된 목적을 달성할 수 있다. 발생하는 많은 문제는 커뮤니케이션의 잘못에서 비롯되는 경우가 많으므로 상대와의 커뮤니케이션 능력은 개인·집단·조직의 성공과 직결된다고 말할 수 있다.

> **잠깐! 알아두기** ○○○
>
> 루쌘스(F. Luthans)에 의하면 특히 비즈니스 환경에서 조직의 소통과 분위기를 위하여 관리자는 자신의 일과 55% 이상을 일상적 커뮤니케이션과 네트워크 활동으로 보낸다는 것을 알 수 있으며, 차지하는 비율이 높다는 점뿐 아니라 커뮤니케이션 중요성은 이외에도 많다.

② 효과적 커뮤니케이션 7가지 원칙

커뮤니케이션을 잘하기 위해서는 구체적인 방법들과 함께 효과적인 원칙, 혹은 가이드 라인에 대한 이해가 필요하다. 커틀립과 센터(S.M. Curtlip & A.H. Center)는 커뮤니케이션의 원칙을 C자로 시작하는 단어 중심으로 7가지로 정리하였다. 이 커뮤니케이션의 원칙 7가지 C(7Cs)는 소통할 때 기억해야 하는 기본원칙이라 할 수 있다.

(1) 신뢰성(Credibility)

① 커뮤니케이션을 원활하게 하기 위해서는 서로를 믿을 수 있는 분위기가 먼저 필요하다.

② 서로가 신뢰하는 분위기와 함께 효과적 커뮤니케이션이 시작된다.

③ 수신자가 전달자를 신뢰하지 않는다면 전달하는 의사를 정확히 숙지하기 어렵다.

④ 신뢰를 바탕으로 시작해야 한다.

(2) 상황(Context)

① 커뮤니케이션의 기획은 그 환경의 현실과 일치되어야 한다.

② 처한 상황과 일치되지 않는 커뮤니케이션은 제대로 이루어지지 못한다.

③ 상황을 고려하지 않은 일상적인 전달행위는 오히려 독이 된다.

(3) 내용(Contents)

① 메시지의 내용은 수신자에게 의미 있는 것이어야 하며 공중의 가치관과 양립될 수 있어야 한다.

② 수신자와 관련되는 특정 성격을 지니고 있어야 한다.

(4) 명확성(Clarity)

① 메시지는 명료한 용어로 표현되어야 하며 용어는 전달자나 수신자에게 동일한 뜻을 갖

는 것이어야 한다.

② 복잡한 문제들을 단순성과 명확성을 지닌 주제들로 요약해야 한다.

(5) 계속성(Continuity)과 일관성(Consistency)

① 커뮤니케이션은 계속적, 반복적인 과정이다. 이것이 효과적으로 전달되기 위해서는 계속 반복되어야 한다.

② 커뮤니케이션 전달은 전후가 모순 없이 일관되어야 한다.

(6) 매체(Channels)

① 커뮤니케이션은 수신자가 사용하고 있고 중요하게 생각하는 커뮤니케이션 채널을 이용하는 것이 좋다.

② 새로운 커뮤니케이션 채널을 만들어 낸다는 것은 많은 제약이 따르고 또 거기에 숙달하기 어렵다.

③ 각기 다른 커뮤니케이션 채널은 서로 다른 효과를 지니고 있다.

대량 정보전달	많은 정보량 전달에는 문서 형태 혹은 요약된 카드 뉴스 등이 유용
설득	설득을 위한 커뮤니케이션을 위해서는 개인적 대면 접촉이 가장 유용

(7) 수용 능력(Capability)

① 커뮤니케이션 과정에서는 수신자의 능력을 참작해야 한다.

② 수신자의 능력, 관심, 습관, 지식 등을 고려해야 한다.

잠깐! 알아두기

7Cs

7Cs의 효과적인 커뮤니케이션은 좋은 의사소통과 비즈니스 커뮤니케이션을 보장하는 유용한 방법이다. 이 7Cs는 서면과 구두의 의사소통이 명확하며, 목표 지향적이고 잘 구성된 결과로 커뮤니케이션에서 유용한 체크 리스트로 활용할 수 있다.

NO	7Cs		내용(요약)
첫 번째 C	Credibility	신뢰성	믿을 수 있는 분위기
두 번째 C	Context	상황, 맥락	환경적 현실과 일치되어야 함
세 번째 C	Contents	내용	특정 성격을 지닌 것
네 번째 C	Clarity	명확성	복잡한 문제들을 단순성과 명확성을 지닐 것
다섯 번째 C	Continuity, consistency	계속성, 일관성	전후가 모순 없어야 함
여섯 번째 C	Channels	매체	수신자가 사용하고 있는 채널 이용
일곱 번째 C	Capability	수용 능력	수신자의 능력, 관심, 습관, 지식 등의 요소

3 효과적 커뮤니케이션 기법

통계에 따르면 성공의 비결 중 85%가 효과적인 커뮤니케이션을 계획하고 실천하는 데 있다고 한다. 커뮤니케이션을 효과적으로 하는가, 그렇지 못하는가에 따라 개인 및 조직, 기업의 성공에 아주 직접적인 관련이 있다는 것이다. 효과적인 커뮤니케이션의 체득과 의식적인 실천은 관계 개선, 분위기 조성, 성장·성공에도 직결되기 때문에 다음 내용을 잘 확인하길 바란다.

(1) 말하기보다는 듣기

① 대화할 때, 상대의 말을 끊지 말고 잘 듣는다.
② '70%를 듣고, 30%를 말한다'라는 규칙을 지킨다. 귀가 두 개이고 입이 하나인 이유는 소통의 7 : 3 원리를 의미한다.
③ 소통의 기본은 말을 잘하는 것보다 잘 들어주는 것으로 시작된다.

(2) 이해와 공감

① 먼저 상대방의 감정과 상황, 의견을 파악하려고 노력한다.
② 상대가 처한 상황들까지 이해하려 노력하면 상대가 이야기하고자 하는 숨은 의도까지 파악할 수 있다.
③ 평가나 조언 보다는 상대를 이해하고 공감하려는 노력을 먼저 해야 한다.

(3) 관심 유지하기

① 상대가 이야기할 때 주의 깊게 듣지 않고 다른 생각을 하거나 머릿속으로는 다음 내가 무슨 말을 할지 구상하는 경우가 있다. 하지만 상대의 대화에 관심을 유지하는 노력이 꼭 필요하다.
② 비록 자신이 알고 있는 이야기이거나 흥미가 없는 내용이라도 인내를 가지고 들어주는 노력을 해야 한다.

(4) 분명하고 명확하게 말하기

① 정보를 전달하거나 의견을 전달할 때 말의 내용을 흐리지 말고 분명하고 명확하게 전달해야 한다.
② 장황하지 않게 한 가지 내용으로 이야기해야 의사소통의 오해가 없다.

(5) 리액션, 반응, 표현하기

① 상대가 이야기할 때 자신의 이야기가 잘 전달되고 있는지 궁금할 수 있다. 상대방이 이

러한 느낌을 갖지 않도록 적절한 반응, 리액션을 보이는 것이 좋다.

② 눈을 마주 보거나, 고개를 끄덕이거나 등의 표현으로 상대의 말을 적극적으로 듣고 있다는 긍정적 메시지를 전달한다.

(6) 핵심을 파악하기 위한 노력

① 상대의 말을 주의 깊게 경청하면서 상대가 말하고자 하는 핵심 내용이 무엇인지, 진짜 말하고자 하는 내용이 무엇인지 등을 알아차리려는 의도적 노력을 해야 한다.

② 메시지의 내용뿐만 아니라 느낌에도 주의를 기울여야 하며 상대의 의도를 확인하기 위해 요약, 질문 등의 적극적 경청 기법을 활용하거나 이해 반응의 말을 사용하는 것도 도움이 된다.

(7) 'I-message'나 전달법 사용

① 'I-message' 화법은 대화의 주체가 '너 You'가 아닌 '나 I'로 하여 전달하고자 하는 내용을 표현하는 방법이다.

② 대화의 주체가 '너 You'가 되면 행동의 원인과 결과가 상대의 탓이 되므로 듣는 입장에서 기분이 상할 수 있다.

③ 'I-message 화법'은 '나'를 주어로 내 생각이나 감정을 표현하는 방식으로 상대방의 감정을 덜 자극한다는 큰 장점이 있으며 상대에게 개방적이고 솔직하다는 느낌을 갖게 할 수 있다.

잠깐! 🔍 알아두기   ○○○

커뮤니케이션 선호행동 조사 결과

SNS를 통해 커뮤니케이션과 연관해서 가장 좋아하는 사람의 유형, 행동 특성을 조사한 결과 다음과 같이 나타났다.

커뮤니케이션과 연관해서 가장 좋아하는 사람의 특성

1위	끝까지 말을 잘 들어주는 사람(경청)
2위	맞장구를 쳐주며 호응(리액션)을 잘 해주는 사람
3위	관심과 호기심을 가지고 상대의 말에 집중하며 배려를 잘하는 사람

쉬어가기

1 커뮤니케이션 자가 평가

여러분은 평상 시 대화할 때 어떠신가요? 아래 질문을 확인하고 대화 시 자신의 행동에 대해 생각해 보고, 문제점이 있다면 개선하기 위한 방법을 생각해 봅시다.

Q1 상대방을 존중하며, 진실하고 구체적인 이야기를 하고 있는가?

Q2 이야기의 목적을 분명하게 이야기하며, 이해하기 위한 쉬운 말(단어)을 사용하고 있는가?

Q3 대화의 요점을 간략하게 이야기하고 있는가? 필요 없는 이야기를 하고 있지는 않은가?

Q4 대화 중에 이야기를 혼자만 다 하고 있지는 않은가?

Q5 상대의 입장을 생각하며 이야기를 하고 있는가?

....

....

....

2 커뮤니케이션 지수 체크

다음 표의 각 문항을 읽고 체크해 주세요. 각 문항에 해당하는 기준에 따라 점수를 부여하여 총점을 합산하면 됩니다.

기준	1. 전혀 아니다.	2. 아니다.	3. 보통이다.	4. 그렇다.	5. 정말 그렇다.

	질문	1	2	3	4	5
1	상대방이 말하는 동안 아이 콘택트를 잘 하는가?					
2	나의 이야기를 많이 하기보다 상대가 편안하게 이야기를 할 수 있도록 분위기를 만드는 편인가?					
3	상대방의 말을 중간에 가로막지 않고 끝까지 말할 수 있도록 하는가?					
4	상대방 말의 의미를 명확히 하기 위해 상대방에게 말을 다시 확인하는가?					
5	상대의 의견이 나와 일치하지 않을 때 흥분하거나 화내는 것을 피하려 하는가?					
6	상대방 말의 숨은 뜻을 이해하려 하는가?					
7	상대방 말을 공감하며 경청하려 하는가?					

결과

- 31점 이상 : 소통 잘함
- 23점-30점 : 일부 개선 필요
- 22점 이하 : 시급한 개선 필요, 경청 집중

1 비즈니스 커뮤니케이션 기초

개인과 조직의 가치 창출 활동 또한 커뮤니케이션을 통해 이루어진다. 연구에 의하면, 기업의 성공비결 중 85%는 효과적인 커뮤니케이션을 계획하고 실천하는 데 있다고 한다. 비즈니스 내에서 경쟁사보다 더 가치 있는 것을 창조하여 고객에게 제공할 때 이익을 창출할 수 있다. 우리는 고객이 원하는 것을 알아내기 위해 또는 의사결정을 위해 개인과 개인, 개인과 고객, 개인과 조직, 조직과 조직 간에 사실과 정보, 감정과 생각, 의견을 교환하고 해석하는 행동을 하고 있다. 기업의 활동은 커뮤니케이션 없이는 성립하기 힘들고, 종류와 형태도 다양하다.

회의	대화	PT	전화	문서

영상회의	지시	SNS, 메신저	대화	비즈니스인터뷰

1 비즈니스의 정의

비즈니스 커뮤니케이션을 이해하기 전에 먼저 비즈니스가 무엇인지 파악해 본다. '비즈니스'란 말을 들었을 때 사람들은 무엇을 떠올릴까? 글로벌 그룹 또는 대기업을 생각하는 사람들도 있을 것이고, 사업 또는 직업, 직무 분야를 연상하는 이도 있을 것이다. 비즈니스는 여러 의미로 쓰이고 있으며 경영학자들이 말하는 일반적인 정의는 다음과 같다.

① 비즈니스는 고객에게 제품과 서비스를 제공하고 그 대가로 이익을 창출하는 활동
② 비즈니스는 고객의 욕구를 만족시키고, 그 대가로 수입을 얻음으로써 이득을 남기는 활동

[비즈니스 시스템(Value chain)]

공급자 | 물류 | R&D | 생산 | 마케팅 | 이익 | 고객
지원(인사·재무·회계·구매·인프라)

잠깐! 알아두기 ○○○

- 비즈니스의 정의에서 주목할 것이 제품(Goods)과 서비스(Service)란 용어이며, '기업은 고객의 욕구에 맞는 제품과 서비스를 제공하고자 기업 활동을 하는 것이다.'라고 말할 수 있다.
- 고객은 내부고객과 외부고객으로 나눌 수 있으며, 가치는 경제적 가치와 사회·심리적 가치로 구분할 수 있다.

2 비즈니스 커뮤니케이션의 정의 및 특징

(1) 비즈니스 커뮤니케이션의 정의

① 기업은 우리 기업의 제품, 서비스를 소비할 (목표)고객에 대한 정보를 수시로 수집하기 위해 끊임없이 고객들과 커뮤니케이션을 해야 한다. 고객이 원하는 것을 확인해야 하며, 고객의 요구와 불일치했을 때 접수되는 불만, 개선 조치사항에 대한 창구를 마련하는 등 고객과의 지속적인 커뮤니케이션을 실천해야 사업 성공의 가장 기본요소를 갖추었다고 말할 수 있다.

② 기업이나 조직 활동에서 기업이나 조직 구성원 간 또는 그들과 이해관계자와의 사이에서 정보나 의견, 감정 전달, 수신, 해석하는 모든 과정이 비즈니스 커뮤니케이션이라 할 수 있다.

[비즈니스 커뮤니케이션 정의]

조직상황에서 경영자, 직원, 이해관계자 간이나 부서나 집단 간 의견, 정보, 감정 등의 메시지를 주고받는 과정

(2) 비즈니스 커뮤니케이션의 특징

비즈니스 커뮤니케이션은 다음과 같은 특성을 가진다.
① 조직상황을 전제로 한다.
② 개인과 개인 간의 대인 커뮤니케이션이 이루어진다.
③ 개인과 조직 간의 커뮤니케이션이 이루어진다.
④ 집단과 집단 간의 커뮤니케이션이 이루어진다.

❸ 커뮤니케이션과 비즈니스 커뮤니케이션의 차이점

커뮤니케이션	두 사람 이상의 사람들 사이에 언어, 비언어 등의 수단을 통하여 본인의 의사, 감정, 정보를 전달하고 피드백 받으며 상호작용하는 과정
비즈니스 커뮤니케이션	회사와 같은 조직상황에서 관리자, 부하, 동료, 고객 등 이들 상호 간 혹은 소속한 부서나 집단 상호 간에 의견, 감정, 정보 등의 메시지를 주고받는 것

2 비즈니스 커뮤니케이션 분류 및 기능

❶ 비즈니스 커뮤니케이션 분류

(1) 내부 커뮤니케이션과 외부 커뮤니케이션

① 비즈니스 커뮤니케이션은 조직의 성과에 영향을 미치는 매개 역할을 하며 내부 커뮤니케이션과 외부 커뮤니케이션으로 나눌 수 있다.

② 내부 커뮤니케이션은 조직 내에서 상사, 동료, 부하, 후배, 집단, 조직 간에 메시지를 교환하는 활동이다. 외부 커뮤니케이션은 고객, 공급자, 정부, 그리고 일반 대중 등의 이해관계자들과 메시지를 교환하는 활동이다.

구분에 따른 대상	내부 커뮤니케이션	외부 커뮤니케이션
대인 커뮤니케이션	대상-상사, 동료, 선후배	대상-고객, 공급자, 정보, 대중
조직 커뮤니케이션	개인-조직, 조직-조직	개인-조직, 조직-조직

(2) 비즈니스 커뮤니케이션이 주는 의미

① 조직의 상호작용을 위한 기본요소

② 개개인을 묶어 사회를 만들게 하는 접착제 역할

③ 의미를 부여하고 연관 지어 공유하는 창조적인 행동이며 노력 행위

④ 정보의 전달이라는 차원만이 아닌 인간의 삶의 질을 결정하는 요소

❷ 비즈니스 커뮤니케이션 기능

(1) 내부기능과 외부기능

① 비즈니스 커뮤니케이션은 조직의 성과를 향상해 주는 도구로 내부기능과 외부기능을 수행한다.

내부기능	조직 내에서의 커뮤니케이션, 즉 상사, 동료, 부하 간 메시지 교환, 의사결정 등
외부기능	고객이 제품이나 서비스를 구매할 수 있도록 설득하거나, 질의에 대해 답변, 정부에 대한 대응, 조직의 긍정적 이미지 촉진 등

② 성공한 조직일수록 내·외부기능에서의 커뮤니케이션은 공개적이고 명확하게 이루어 지는 것을 알 수 있으며 경영자의 커뮤니케이션 능력이 뛰어나면 구성원과 조직 모두 의 생산성을 향상하는데 효과적이다.

(2) 개인 차원에서의 기능

① 다양한 사람들을 회사에 모아두고 이들을 그냥 방치해 둔다면 그 조직은 엉망이 될 것이다. 조직은 구성원의 행동을 지시하고 서로 연결하게 하고 통제해야 한다.
② 조직에는 위계가 있고 지시와 보고, 토의, 회의, 대화 등의 커뮤니케이션 등이 있다.
③ 조직은 커뮤니케이션을 통해 개인에게 바람직한 행동의 제시, 개인 업적의 피드백, 목표설정 및 목표 달성 방안제시 등을 할 수 있으며 구성원은 이를 통해 일하는 보람과 성공의 보상을 받을 수 있다.
④ 직장은 사회적 상호작용의 기본적인 원천이 된다.
⑤ 직장 내에서 구성원들은 다른 사람과의 상호작용을 이루며, 소속되어 사회적 욕구를 충족할 수 있다.

(3) 조직 차원에서의 기능

① 커뮤니케이션으로 인해 의사결정에 필요한 자료를 제공하기도 하고 받기도 한다.
② 조직이 수행하는 과업이 다양해지고 의사결정 사항이 많아져 커뮤니케이션 활동은 더욱 빈번하며 다양해지고 있다.
③ 커뮤니케이션은 한 세대에서 다음 세대로 향한 조직의 존속을 위해 중요한 역할을 수행할 뿐 아니라 인간이 조직 생활에 적응하는 데 없어서는 안 될 기능을 한다. 이런 관점에서 커뮤니케이션은 사회화 기능, 교육과 훈련 기능도 갖추고 있다고 말할 수 있다.

[개인 차원의 기능 및 조직 차원의 기능]

실제 비즈니스 현장에서 커뮤니케이션은 얼마나 중요할까? 누군가 직장생활을 하면서 커뮤니케이션이 왜 중요한 거 같아? 라고 묻는다면 어떻게 답 할 수 있을까? 직장 내 비즈니스 커뮤니케이션에 관한 실제적인 사례를 통해 생각해 보기로 한다.

1 비즈니스 커뮤니케이션 환경의 변화

(1) 질적 측면 강조

① 과거 우리 경제가 급속한 발전을 하던 시기만 살펴보더라도 직장인에게 요구되는 역량은 현장관리 능력과 생산성을 높일 수 있는 개선관리 능력이 대부분이었다. 하지만 우리 기업들은 국내뿐 아니라 해외 기업과도 경쟁상황에 놓이며 상황은 현재와 크게 변화되었다.

② 우리 기업들은 이제는 단순한 현장관리와 개선관리 능력만으로는 경쟁력을 확보하기 점차 힘들어졌고, 양적인 측면보다 질적 측면이 더욱 강조되기 시작하였다.

③ 질적 측면을 위해서는 많은 정보전달과 의견교류들이 필요했고 경직된 조직문화 또는 일방적인 소통방식에서는 달성할 수 없겠다고 판단한 후, 기업들은 목표설정을 변경하고, 비즈니스 커뮤니케이션에 대해 관심을 기울이게 되었다.

(2) 수직적 조직문화

시대가 변하면서 커뮤니케이션의 중요성은 더욱 커졌고, 주체와 방식 그리고 내용까지도 변화하였다. 과거 수직적 하향식 커뮤니케이션, 즉 조직의 리더가 정보를 독점하고 일반적인 전달을 하는 것이 주였다면, 오늘날은 모든 직원이 커뮤니케이션의 주체로 등장하게 되고 커뮤니케이션 방법도 쌍방향으로 진행되며 수평적인 커뮤니케이션을 이루고 있다.

과거 – 수직적 하향식	현재 – 수평적 양방향
• 조직의 리더가 커뮤니케이션 핵심 주체 • 수직적으로 일방적인 전달을 하는 행위 • '독점'과 '통제'의 의미를 지님	• 모든 직원이 커뮤니케이션 주체로 등장 • 쌍방향으로 서로 의견을 주고받는 행위

① 수직적 조직문화에서는 소수의 경영관리자가 조직 구성원들에게 말하고, 구성원은 '듣는다' 식의 지시·전달 위주 단일방향 소통이 주를 이루는 관리와 감독, 통제 등이 주목적이었다.

② 수직적 조직문화에서는 소통의 빈도는 물론 소통 경로도 매우 제한적이었으며, 그 결과 조직 구성원은 커뮤니케이션 과정에서 소외되고 조직의 위계에 따른 권력의 불균형에 순응하여 복종할 수밖에 없는 구조였다. 이와 같은 수직적(계층적) 조직문화는 구성원의 사회의식과 참여의식의 증진, 그리고 시대의 흐름에 따른 요구의 변화들로 인하여 수평적 조직문화로 이행되며 비즈니스 커뮤니케이션 환경에도 많은 변화를 가져왔다.

(3) 수평적 조직문화

① 수평적 조직문화에서는 경영관리자와 조직 구성원들이 함께 참여하여 대화하고 토론함으로써 정보를 공유하고 상호 피드백함으로써 성과 향상에 긍정적 영향을 주고 받는다.
② 경영관리 이슈가 발생할 때마다 다양한 경로를 통해 다수가 참여하는 빈번한 의사소통이 이루어짐으로써 조직의 활력이 유지된다.
③ 의사결정 과정에 더 쉽게 수용되고, 결정 실행과정에서도 자발적으로 서로 협력하는 환경이 조성될 수 있다.

2 직장 내 커뮤니케이션 현실

최근 직장생활에서 소통경영을 강조하는데, 소통경영은 개인과 조직에 존재하는 다양한 벽을 허물고 서로 공감하고 협력하도록 만듦으로써 좀 더 나은 성과, 혁신을 달성하는 데 목적을 두고 있다. 소통경영을 강조하는 이유를 반대로 생각해 보면, 현실에서는 소통경영이 잘 이루어지지 않아 개선할 시항이기 때문이다.

(1) 직장 내 커뮤니케이션 수준 평가

① 경영진과 직장인을 대상으로 설문조사를 실시한 결과, 직장인의 3분의 2(65.3%)가 조직에서 소통이 잘 안 된다고 평가하였다.
② 점수로 환산한 한국기업의 소통 수준은 54점(100점 만점)으로 상당한 개선이 필요한 것으로 나타났으며 소통 수준에 대해 경영자와 조직 구성원 간에는 다른 인식을 보이고 있다.

경영자	조직 구성원
• 소통이 매우 잘 된다(7.5%)	• 소통이 매우 잘 된다(1.4%)
• 소통이 잘 되는 편이다(46.5%)	• 소통이 잘 되는 편이다(33.4%)
• 소통이 부족하다(45.2%)	• 소통이 부족하다(60.3%)
• 소통이 전혀 되지 않는다(0.8%)	• 소통이 전혀 되지 않는다(5.0%)

(2) 직장 내 커뮤니케이션이 잘 이루어지지 않는 이유

직장 내 커뮤니케이션이 잘 이루어지지 않는 이유로는 쌍방향 토론이나 의견교환 없이 일방적으로 진행되는 회의, 불명확한 지시와 부적절한 피드백, 정서적 소통 부족 등이 있다.

소통유형	평균 점수	하위 3개 문항	문항 점수
업무적 소통	54점	• 회의 시 쌍방향 의견교환 활발	47점
		• 경영진은 직원들이 궁금해하는 정보제공	49점
		• 업무량과 상황을 고려한 업무지시	54점
창의적 소통	55점	• 부서 간 정보교류 및 협력이 원활	49점
		• 새로운 도전이나 변화에 대해 개방적	54점
		• 회사의 중장기 비전에 대해 제대로 인지	54점
정서적 소통	53점	• 고충과 문제점이 최고 경영진까지 전달	45점
		• 서로 격려하고 칭찬하는 분위기	51점
		• 상사의 부하직원 애로사항 파악	52점

3 직장 내 커뮤니케이션의 개선방안

대부분 직장인들은 직장생활을 하며 동료들과 상사와 좋은 인간관계를 유지하고, 업무수행을 잘하여 능력을 인정받아 더 높은 지위로 승진하여 경제적으로 윤택해지기를 바란다. 그리고 이를 성취하기 위해서는 업무수행이든 조직 구성원 간의 유대든 효과적인 의사소통을 하지 않고는 불가능하다.

하지만 현실의 직장에서는 다수의 직장인이 소통이 미흡하여 직장 내 의사소통에 대한 어려움을 크게 인식하고 있으며, 개선이 필요함을 느끼고 있다.

(1) 직장 내 소통의 주된 장애요인

실제 직장 현장에서는 상명하복의 위계 문화와 개인과 부서의 이기주의, 지나친 단기 성과주의가 소통의 주된 장애요인으로 작용하고 있다.

(2) 직장 내 커뮤니케이션 개선방안

직장 현장에서는 다른 의사결정이나 정보전달의 수단보다도 정서적 소통이 실제 중요한 역할과 기능을 한다. 정서적 소통을 통해 동기부여나 내적보상 등이 필요하며, 조직관리의 기본인 정서적 소통이 잘 될수록 업무적, 창의적 소통이 원활하게 이루어진다. 직장 내 커뮤니케이션 개선을 위한 방안은 다음과 같다.

1) 상호 존중 및 수평적 커뮤니케이션의 실천이 필요하다.

- 베이비붐 세대의 상사와 밀레니얼 세대의 하급자 간의 생각 차이로 세대 간 차이 (GAP)가 생기기도 한다.
  → 상사, 하급자 상관없이 서로를 상호 존중하는 공손한 자세가 필요하다.
- 베이비붐 세대를 지낸 상급자들은 수직적 조직문화를 겪어왔기 때문에 현재의 수평적 조직문화에 대하여 적응하는 것이 젊은 세대보다 힘들 수 있다. 그들의 세대 간 차이 (GAP)을 줄여나갈 수 있도록 돕기도 하고, 기다려주는 자세가 필요하다.
  → 상대의 입장을 생각해 주는 '역지사지'가 필요하다.

잠깐! 🔍 알아두기　　　　　　　　　　　　　　○ ○ ○

직장의 현실 〈각 세대가 말하는 다른 세대에 대한 불만〉

베이붐 세대	요즘 친구들은 너무 예의가 없어. 회사 선배를 봐도 시큰둥, 보는 둥 마는 둥 아는 척을 안 해.
X 세대	인사하라고 말하면 꼰대 소리 들을까 봐 아예 관심 안 둬요. 인사하는지, 안 하는지 관찰하는 것부터가 또 다른 신경이지요.
밀레니얼 세대	요즘 어른들은 매너가 없어요. 예의는 서로 존중하는 것이 기본 아닌가요. 대우받으려고만 하고, 그만큼 대우하지는 않잖아요. 어른이 먼저 아는 척하면 안 되나요? 인사해도 받아주지 않는 경우도 많은 걸요.

2) 상급자와 하급자가 지켜야 할 의무

- 상사는 핵심 메시지를 정확하게 전달, 하급자는 상급자 지시의 명확성을 확인할 의무가 있다.
- 상사는 핵심 메시지로 정확하게 의사를 전달할 필요가 있다.
- 직장 현실에서 상사는 지시를 했다고 하는데, 하급자는 명확한 지시가 없었다는 경우가 많다. 애매하고 일방적인 상사의 업무지시에 대해 하급자가 대충 얼버무린 경우,

직장 현장에서 자주 발생하는 커뮤니케이션 오류이다.

→ 하급자의 경우 의도가 파악되지 않거나 정확하지 않다고 판단될 경우, 질문을 통해서 명확하고 분명하게 정보 또는 지시를 전달받을 필요가 있다.

3) 정서적 소통의 강화

- 직장 안에는 업무만 이루어지는 곳이 아니다. 개인의 자아성취나 목표를 채우는 장소이기도 하다. 평소 서로의 성향, 고충, 생각하는 방식 등을 이해하고 있다면 커뮤니케이션 차이(GAP)로 인한 오해를 줄일 수 있다.

→ 업무적인 대화 외에도 일상적인 대화를 통하여 정서적 소통을 강화할 필요가 있다.

- 일상적 대화를 통하여 서로를 이해하고, 정서적 소통을 강화해야 한다.

1 직장 내에서 커뮤니케이션이 중요한 진짜 이유

[커뮤니케이션을 통한 동기부여와 내적보상]

일반적으로 직장생활을 하다 보면, 업무 때문에 또는 사람 때문에 스트레스를 많이 받는다. 이 스트레스로 인해 업무의 의욕이 떨어지거나 업무에 대한 권태기, 내 생활에 대한 슬럼프가 올 수 있다. 이때 정서적 소통은 동기부여를 통해 그런 상황을 극복하게 해줄 수 있다. 같은 고민이나 힘든 상황에 부딪혔을 때 동료 간, 동기들 간 서로 커뮤니케이션을 통한 유대감을 나누고, 서로를 위로하는 행위는 그 자체로도 내적보상과 동기부여가 된다. 상사로부터 받은 격려와 응원, 긍정적인 피드백, 건설적 소통 또한 직원의 강점을 강화시키고 선한 영향력을 행사한다.

2 커뮤니케이션 오류로 발생하는 직장 내 갈등상황 피하기

[직장인, 불쾌하게 했던 언행 모음]

실제 직장에서 자주 발생하는 일반적인 표현이다. 절대 하지 말아야 할 표현과 바꿔 말하기를 보면서 어떻게 행동하고 말을 해야 하는지에 대해 생각해 보자.

상급자가 하급자에게 하는 표현	하급자가 상급자에게 하는 표현

• 나도 잘은 모르지만, 이렇게 하면 되지 않을까? 우선 일단 한번 해봐. (×)
• 니가 전문가잖아. 전적으로 다 맡길게. (×)
• 어려운 건 알지만, 하라는 대로 그냥 하자. (×)
• 그것 봐, 애초에 내 생각이 맞잖아. (×)
  (생색내고 다른 의견을 더 무시함)
• (회식 시) 잠깐 얼굴만 비추고 가라. (×)
  – 잠깐이 4시간이 됨
• 난 휴가 하나도 못 쓴다. (×)
  넌 바쁜 이 시기에 어딜 가니?
	• 언제 지시하셨나요? (×)
	  – 그런 말 듣지 못하였습니다.
	• 그래서 말씀하시고자 하는게 무엇인가요? (×)
	  – 결론이 뭔데요?
	• 시키는 대로 할게요. (×)
	  – 어차피 내 의견 중요하지도 않잖아요.
	  – 귀찮으니 그냥 결론만 이야기 하세요.
	• 저는 과장님께서 하시는 모든 말씀이 이해가 잘 되지 않습니다. (×)
	• 제가 과장님 부하는 아니잖아요. 팀장님이 시킨 일도 버거워요. (×)
	  – 넌 선배지, 상사가 아니야

• 이런 상황을 처음 겪어서 어려운 점이 있지만 서로 아이디어를 모아서 결론을 내고 추진해 보자. 서로 도와 최적의 상황을 도출하자고! (○) • 일과 가정 양립이 중요하다고 생각하므로, 휴가 등은 미리 계획을 해서 공유해 줘. (○)	• 제가 착오가 있었나 봅니다. 그 업무를 바로 추진해야 한다고 생각하지 못했습니다. 다른 업무들과 조율해서 방안을 마련해 보겠습니다. (○) • 과장님, 금주까지는 팀장님께서 지시하신 업무를 마쳐야 해서요. 이후에 진행해도 될까요? (○)

4 비즈니스 커뮤니케이션 핵심기술

1 대화의 기술

회사원은 대부분의 시간을 의사소통에 사용하며 조직 내에서 이뤄지는 일의 약 89%는 의사소통과 관련이 있다고 한다.

회사원의 일상적인 업무 내용으로는 '업무 진행과 관련된 대화, 상급자와의 대화, 동료와의 대화, 후배와의 대화, 직원 교육, 문의 및 질의, 회의, 발표, 전화' 등을 들고 있다. 직장 내에서 발생하는 의사소통에는 대화, 회의, 발표, 토론 등 다양한 담화 유형이 있지만 이 중 직무수행이나 직장인 간의 의사 교환에서 가장 일반적으로 사용되는 것은 대화이다.

> 말하기가 아닌 대화하기 (말하기 → 대화하기)

성공적으로 대화를 이끌기 위해서는 대화 기술이 필요하다. 대화의 기술 영역은 상당히 신경을 써야 하는 부분으로 객관적인 입장으로 적절히 서로 타협하며 여유를 갖고 대화를 해야 한다. 대화의 기술에는 스트로우크, 레이블링, 적극적 경청 등이 있지만 그 중 중요한 2가지 기술은 스트로우크(Stroke)와 레이블링(Labeling)이다.

(1) 스트로우크(Stroke)

① 스트로우크란 사전적 의미로는 '수영에서 손으로 팔을 뻗어 물을 끌어당기는 동작'이나 '쓰다듬다, 어루만지다'의 뜻을 가지고 있다.

② 말하기에 있어서는 '상대방과 대화를 진행함에 있어 공감대를 형성하기 위해 던지는 추임새' 쯤으로 이해하면 된다.

[스트로우크 예시]

- 친구나 동료들을 만나자 마자 "스타일 바꿨어? 멋진데!"
  → 이때 상대방의 기분은 어떨까? 스트로우크는 상대와의 어색한 대면을 부드럽게 해 대화의 초기 장벽을 완화시켜주는 효과가 있으며, 스몰톡으로 생각해도 좋다.

- 요즘 좋아보이세요. 좋은 일 있으세요?
- 바빠 보이시던데, 00팀 성과가 최고더라고요. 역시 에이스이시네요.

(2) 레이블링(Labeling)

① 레이블링은 의사소통을 원활하고 정확하게 하기 위해 상대방에게 다음 행동을 예고함으로써 마음의 준비를 하게 하는 것이다.

② 상대방이 불필요할 정도로 장황하게 설명할 경우 대화의 주도권을 가져오거나 화제를 자연스럽게 다른 방향으로 바꾸기 위해 사용된다.

- 다짜고짜 "OOO야, 이야기 좀 하자"고 했을 경우
  → 상대는 "내가 뭘 잘못했나" 싶어 바로 방어태세를 취하거나 대화를 회피하기 위해 "지금 바빠요"라고 말해버리기 십상이다.
  → 이럴 때 "OO야, 너와 상의할 것이 있는데 시간되니?"하고 부드럽게 접근하면 거부감 없이 대화에 임할 분위기를 만들 수 있다. 설령 지금 안 된다고 하더라도 다음 번 대화의 여지를 남길 수 있다. 적절한 레이블링을 일상화하는 것은 좋은 대화의 기술임을 기억하자.

- 많이 바쁘겠지만, 시간 날 때 미팅 가능할까요?
- 시간이 많지 않아서 오늘은 각자의 의견만 좀 공유하는 시간을 갖겠습니다.

잠깐! 알아두기 ○○○

말을 잘한다는 것은 단순하게 '말을 더듬거리지 않고 유연하고 매끄럽게 잘 표현한다'는 것이지만 커뮤니케이션에 있어서는 조금 더 폭넓게 이해해야 한다. '서로의 사고와 의견을 교환한다.'로 자신들이 생각하고 느끼는 바를 진지하게 토론함으로써 서로에 대해 이해하게 되며 신뢰를 향상시킬 수 있는 과정이 포함된다.

(3) 적극적 경청

대화를 할 때 말하는 것보다도 듣는 것이 중요하다는 것은 이미 알 것이다. 듣기는 소리를 듣는다는 개념의 단순한 듣기(Hearing)과 경청(Listening)으로 구분할 수 있으며 효과적인 대화를 위해서는 경청(Listening)을 해야 하며 매우 중요한 자세이다.

1) 적극적 경청의 의미

① 적극적 경청은 소리를 듣기만 하는 것이 아니라 상대방이 전달하고자 하는 말의 내용은 물론 그 내면에 깔려있는 동기나 정서에 귀를 기울여 듣고 이해된 바를 상대방에게 피드백하여 주는 것이다.

② 적극적 경청은 평가, 의견, 충고, 분석, 의문을 전달하는 것이 아니라 상대방이 의미하는 것 그 자체가 무엇인가를 이해하며 듣는 것을 의미한다.

③ 상대의 이야기를 진지하게 경청하고 이해하면, 서로 깊은 수준의 대화를 이끌 수 있다. 잘 드러나지 않았던 상대의 숨은 의도를 파악할 수 있으며 신뢰의 라포를 형성할 수 있다.

잠깐! 알아두기 ○○○

커뮤니케이션에 있어 적극적인 청취 태도에 대한 사고방식으로 '귀로 듣다~'와 '귀를 기울이다'가 있다. 이 중 적극적 경청은 후자에 속하며 관심을 두고 상대방의 말을 들어주며, 그의 생각과 감정을 그의 입장에서 이해하는 것이다. 비지시적 카운셀링은 칼 로저스가 제창을 하였으며 상대방이 전달하고자 하는 말의 내용은 물론, 그 내면에 깔린 기분, 감정, 의미에 귀를 기울여 듣고 이해한 바를 상대방에게 피드백해 주는 것이다.

2) 적극적 경청의 예시

[상황]

직원 팀장님, 이 일을 오늘 내로 모두 다 마쳐야 합니까?

팀장 A 네, 오늘 마쳐야 합니다. 왜요? (×)

팀장 B 이번 일이 예상과는 다르게, 변수가 있어 좀 무리가 있지만, 힘을 내서 함께 금일까지 마쳐야 합니다. 노력해 봅시다. (○)

[상황분석]

직원의 질문은 단순히 오늘 내로 마무리를 해야 하는 건지를 묻는 단순 질문이 아니다.
적극적인 경청을 통해 직원의 숨겨진 의도 '이번 일은 좀 무리다. 지나치다.'라고 생각하는 직원의 기분, 감정까지 이해하여 팀장 B와 같이 피드백을 주어야 한다.

3) 적극적 경청을 위한 1.2.3. 화법

적극적인 경청을 하는 방법으로 1.2.3.화법이 있다. 1.2.3.화법은 첫 번째 1분 말하기, 두 번째 2분 들어주기, 세 번째 맞장구치기이다. 1.2.3. 화법을 계속 반복하면 상대방은 존중과 관심을 받고 있다고 느끼게 되며 서로 기분 좋게 대화할 수 있게 된다.

4) 적극적 경청을 위해 필요한 요소

① 상대방에 대한 존중적 관심
② 경청 행동 – 상대와 눈을 맞추고, 고개를 끄덕이거나 상대 쪽으로 몸을 기울이는 행동
③ 능동적 참여 – 모호한 부분은 자신이 이해한 것을 다시 확인, 상대에게 공감을 표현
④ 화제의 주도권을 맡김 – 말을 끊지 않고 이야기를 마무리할 때까지 잘 듣는 행동

2 질문의 기술

질문은 '듣기' 이후에 상대방과 대화를 깊이 있게 만들기 위한 적극적 행동으로 상대가 말하려는 의도를 올바르게 이해했는지 질문을 통해 확인하는 것이 좋으며 질문을 통해 상대의 의견에 내가 관심이 있음을 보여줄 수 있다. 또한 상황에 맞는 적합한 질문은 질문유형과 내용에 따라 상대의 대답과 대화의 흐름, 분위기가 달라질 수 있기 때문에 대화의 질을 높여 준다. 이와 같이 중요한 질문에도 요령이 있으므로 알아두길 바란다.

(1) 부정형 질문보다는 긍정형 질문

예시 ❶	A : 이번에 입사한 OOO 사원 약간 4차원인 거 같던데, 일 잘 안될 거 같지? B : 네, 좀 부족한 거 같아요. 성격도 안 맞고요.	×
예시 ❷	A : 신입사원 보이던데, 어떻게 하면 적응시키고 일도 잘 해낼 수 있을까? B : 먼저 OOO 사원이 어떤 생각을 하는지 이야기를 좀 들어봐야겠어요. 　　평상시 차도 마시고 서로 이해할 수 있는 시간을 좀 가져 보려고요.	○

(2) 구체적이고 본질적인 질문

예시 ❶	• 요즘 어때요? (추상적이며 비본질적) • 이번 OOO 영화 봤어요? (구체적이며 비본질적) • OOO씨는 인생에서 가장 소중한 것이 무엇이에요? (추상적이며 본질적)	×
예시 ❷	• OOO씨는 직장에 다니는 이유가 무엇입니까? (구체적이며 본질적) • 이 사고의 근원적 원인은 무엇이라고 생각하나요?	○

(3) 폐쇄형 질문보다는 개방형 질문

질문은 가능한 개방형 질문, 즉 "왜 그렇게 생각하는가?" "OOO에 대한 당신의 의견은 어떠한가?" 등 상대방의 생각과 의견을 구하는 질문을 하고, '네, 아니요'와 같은 답변이 나오는 폐쇄형 질문은 가능한 피한다.

[효과적 질문요령 예시]

목표설정	• 혹시 정확한 주제를 알 수 있을까요? • 목표는 정확히 무엇입니까? 목표가 달성되면 어떤 성과가 있죠? • 이 과제를 언제까지 해결하는 걸로 할까요?
사실확인	• 현재 상황은 어떻습니까? 가장 중요한 이슈를 여쭤봐도 될까요? • 예전에도 이와 유사한 사례가 있었나요? • 그것에 대해 더 구체적으로 이야기해 주실 수 있습니까?
해결탐색	• 가장 중요한 문제의 원인이 무엇인지 알려 주실 수 있을까요? • 문제점이 명확해진다면 해결방안도 찾기 쉬울 것 같습니다. • OOOO 이렇게 해 보는 것은 어떠실까요?
요약확인	• 오늘은 OOO을 완료했습니다. 제 말이 맞을까요? • 다음 번에는 OOO 결정을 하는 것으로 하겠습니다. 다른 의견 있으신가요? • 그럼 저는 다음 미팅 전까지 OOOO부분을 정리하겠습니다. 괜찮을까요?

❸ 상황별 표현의 기술

(1) 반대의견을 제시할 때

상대방과 다른 의견을 표명하거나 반대의견을 제기할 때 서로의 관계가 손상되지 않도록 주의해야 한다. 이 같은 경우에는 'Yes & Then 화법'과 'Sorry But 화법'을 사용하면 효과적이다.

1) Yes & Then 화법

의견충돌이 있거나 견해가 다를 때 먼저 상대방의 의견에 대해 긍정적 표현을 한 후 자신의 의견을 표현하는 화법이다. 동의하는 부분에 관한 내용을 긍정적으로 표현하고, 만약 동의할 부분이 없다면 '이해한다. 그렇게 생각할 수도 있다.' 같은 긍정의 의미를 담은 표현을 한다. 그 이후 자신의 생각과 의견을 객관적 근거를 가지고 표현한다.

Yes	네, 저도 그 말씀에 동의합니다.
& Then	그런데, 한편으로는 저는 이렇게 ~ 생각합니다.

2) Sorry But 화법

대화 주제를 전환해야 하는 경우 상대의 이야기가 길어져 상황을 벗어나고자 할 때 양해를 구하거나 미안하다고 한 후 자신의 의견이나 요구사항을 제시하는 화법이다.

Sorry	미안하지만, 지금 회의의 주제가 너무 광범위해졌습니다.
But	오늘은 OOO 부분에 관해서만 이야기를 나누고자 합니다.

(2) 요청하거나 거절할 때

부탁을 요청하는 것도, 다른 상대의 부탁을 거절하는 것도 참 어려운 것이 사실이다. 직장생활 초기 신입사원들에게는 더욱 그렇다. 하지만 요청과 거절의 어려움으로 이도 저도 못하는 경우 문제는 더욱 커질 수 있다. 그러므로 잘 요청하고, 잘 거절하는 기술을 익히도록 한다.

1) 요청하기

① 요청사항이 있으면 상대가 알아주길 바라지 말고 구체적이고 명확하게 의사 표현을 해야 한다.
② 요청이 거절될 때 내가 싫어서 나를 거부하는 것이 아님을 인식하는 마음가짐을 가지고 있어야 하며 거절의 대안(차순위) 또한 함께 가지고 있어야 한다.

2) 거절하기

① 상대의 제의에 대하여 수용 여부를 확실히 해야 한다.
② 거절하기가 애매하다고 해서 어중간하게 표현하면 서로 오해하기 쉬우므로 당장 결정이 어렵다면 생각할 시간을 가진 후 표현하는 것도 좋다.
③ 거절 시 대답은 간단히 하는 것이 좋으며 많은 변명도 필요 없다.
④ '미안하다'라는 표현도 꼭 그렇게 느낄 때만 쓰도록 하는 것이 좋다.

직장 내 비즈니스 커뮤니케이션 실무

1 비즈니스 회의

1 회의의 목적

① 회의는 2명 이상이 모여 각자의 생각과 의견, 정보를 자유롭게 이야기하는 과정이다.

② 개인과 개인 간의 대화가 아닌 집단 내 개인 간의 공식적인 대화라는 점에서 일대일 대화보다는 다소 복잡한 성격을 지니고 있다.

③ 대화의 목적은 대부분 문제해결 혹은 정보교환이지만 소집단 회의에서는 여러 구성원이 함께 아이디어를 도출하고 토론하며 협력적인 의사결정을 해 나가는 과정이 의미가 있는 것이다.

④ 다양한 생각, 의견이 융합되면서 더 나은 아이디어를 만들어 가는 지성의 장이라 할 수 있고, 단지 상사의 생각이나 의견을 일방적으로 지시하고 전달하는 자리가 아니다.

잠깐! 알아두기 ○○○

스마트(SMART) 회의

최악의 회의는 다음 3가지 경우에 해당하는 회의이다.
- 회의는 하되 토론이 없다.
- 토론은 하되 결론이 없다.
- 결론은 있되 실행이 없다.

위와 상반되는 최고의 회의는 스마트(SMART) 회의라 부른다.

S	Simple	간단	회의 진행이 간단명료하고
M	Management	관리	회의 운영이 잘 관리되며
A	Action	실행	회의의 결과가 정확히 실행에 옮겨지고
R	Respect	존경	상호 존중하는 분위기에서
T	Time	시간	회의 시간이 엄수되는 회의

---

2 회의 준비와 진행

직장인을 대상으로 설문 조사한 결과 가장 피하고 싶은 회의유형으로 '결론이 나지 않고 돌고 도는 회의'가 가장 많다. "하루 종일 회의를 했는데, 결론이 난 것이 없다." 자주 경험하는 일이다. 주어진 시간 내에 효율적 회의 달성을 위하여 몇 가지를 꼼꼼하게 체크해야 한다.

(1) 회의 전 – 회의 목적 수립

① 회의를 소집하기 전 반드시 해야 할 일은 회의목적을 정하는 것이다. 회의목적에는 정보수집과 의사결정 등이 있다.

② 비공식적 회의일 때 자유롭게 정보를 공유하고, 정보수집을 위한 회의에는 관련 주제에 지식을 가진 사람이 회의 분위기를 주도해 나가는 것도 좋은 방법이다.

③ 의사결정을 위한 회의의 경우는 브레인스토밍을 통해 자유롭게 의견을 교환하고 다양한 대안을 검토하는 것이 좋다.

(2) 회의 시작 – 목적과 규칙에 대한 안내

① 회의를 시작하며 회의의 목적과 주요 쟁점 그리고 최종적으로 얻고자 하는 사항, 결과물에 관해서 설명한다.

② 회의 진행 절차와 회의 시간, 그리고 회의 규칙에 대하여 안내한다. 각 의제별로 할당 시간을 안내하고, 이를 지키도록 강조한다.

(3) 회의 중 – 구성원의 참여와 피드백 권장

① 모든 참석자가 최소한 1회 이상의 발언을 할 수 있어야 한다. 회의에 참석하여 침묵으로 일관하거나 무관심하게 방관을 한다면 회의를 하는 데 전혀 도움이 되지 않는다.

② 회의 진행자는 "OOO는 어떻게 생각하십니까?" 라는 식으로 질문을 던져 참여를 유도할 수 있고, 한 사람의 의견이 발표되면 다른 사람들의 의견을 유도하여 활발한 의견교류가 이루어지도록 한다.

(4) 회의 종료 – 합의 사항 등 공유

① 회의 종료 전 회의 내용에 대하여 요약하여 공유하고 합의 사항에 대하여 검토한다.

② 회의에서 결정된 사항을 간략하게 정리하여 발표함과 동시에 누가, 무엇을, 언제까지 실행할 것인지 합의 사항을 공지해야 하며, 중요한 사항의 경우는 기록하여 공지한다.

[회의 문화 예시 111운동]

- 회의 자료는 최소한 1시간 전에 공유한다.
- 회의 시간은 1시간 이내로 한다.
- 회의 결과는 1시간 이내로 공유한다.

❸ 생산적 회의를 위한 지침

(1) 경청 후 의견 제시

① 회의에서 남의 이야기를 끝까지 듣지 않고 중간에서 말을 자르는 '말 자르기형'의 참석

자들이 있다. 이런 유형의 사람들은 상대방이 무언가 의견을 이야기할 때, 앞부분만 듣고 나서, 모든 것을 다 안다는 듯이 상대의 말을 끊고 자신의 생각을 계속 말하는 경향이 있다.

② 회의가 시간 낭비 없이 효율적으로 이루어지기 위해서는 상대의 말을 정확히 들으려고 노력하고, 그에 대한 자신의 의견 또한 정확하게 전달하는 습관을 들이는 것이 필요하다.

(2) 감정적 대립 금지

① 회의를 통해 무언가를 얻어내고 싶다면 견해가 다르다고 해서 감정적으로 대응하는 것은 금물이다.

② 의견 대립이 있을 땐 상대가 왜 그렇게 생각하는지 들어보려는 열린 자세가 필요하다.

(3) 회의 지상주의 탈피

① 모든 의사결정을 회의를 통해서 해결하려는 '회의 지상주의'는 실속 없는 회의 문화를 만드는 주요 원인 중 하나다.

② 리더가 판단해야 할 사안임에도 불구하고 전 부서원을 모아 회의를 하는 경우가 있는데 2~3시간 회의를 소집하는 것은 업무 수행에 걸림돌이 되고 스트레스의 원인이 된다.

③ 생산성 높은 회의를 위해서는 회의를 소집하고 안건을 선정할 이슈인지부터 점검해야한다.

(4) 수평적 분위기

① 회의가 생산적으로 이루어지기 위해서 권위나 고정관념을 배제하고 수용적인 분위기가 필요하다.

② 테이블에 상석을 지정해두지 않거나 좀 더 자유로운 브레인스토밍 등을 통하여 위계보다는 수평적인 분위기를 유지한다.

> **잠깐! Q 알아두기** ○○○
>
> **언택트 시대 줌(Zoom)을 활용한 화상회의**
> 줌(Zoom)은 화상회의, 온라인 회의, 채팅, 모바일 협업을 하나로 합친 원격회의 서비스를 제공한다. 비디오 동영상을 이용하여 회의실 및 소회의실을 제공하고 있어 분임 토의가 가능하며, 채팅 및 화면공유, 원격 제어를 통한 데이터 공유 등도 가능하다. 기본 프로그램 옵션은 무료로 최대한 100명의 참가자가 참여해 화상회의나 강의를 할 수 있다.

2 프레젠테이션 발표

1 프레젠테이션 정의 및 목적

발표 능력, 즉 상대에게 자신의 의사를 분명히 전달하면서 동시에 의도하는 방향으로 이끌 수 있는 설득력이나 협상 능력은 비즈니스 사회에서 무엇보다도 중요시되고 있다.

(1) 프레젠테이션 정의

발표는 정해진 시간 내에 상호 원하는 목표를 달성하기 위해 발표자가 이해관계자에게 사실, 정보, 의견 등을 전달하고 설득하는 과정이다. 세미나, 학회, 국제회의에서 한 발표를 포함해서 직장에서 동료들을 대상으로 하는 브리핑, 상사와 동료에게 드리는 보고, 학교 수업 시간의 발표 등 모두 포함된다. 지식 기반 사회에서 자신이 보유한 정보와 지식을 가공하고 재결합해서 새로운 가치를 창출하는 것이 발표의 핵심이라 할 수 있다.

(2) 프레젠테이션의 목적

① 서로에게 유익한 것을 지향한다.
② 프레젠테이션은 사실과 정보, 의견을 매개로 이루어진다.
③ 상대방으로 하여금 특정한 행동을 하도록 요구한다.

2 프레젠테이션 준비와 진행

(1) 프레젠테이션 기획 전 개요 파악

이 프레젠테이션은 왜 하는 것인지, 누구에게 무엇을 설명하는 것인지, 언제 하는 것인지, 청중은 누구인지, 어디에서 하는 것인지, 어떤 방법으로 할 것인지 등 5W1H에 따라 파악한다.

[5W1H 원칙]

No	5W1H		내용
1	Why	왜	배경과 취지는 무엇인가?, 목표는 무엇인가?
2	What	무엇을	주요 내용은 무엇인가?, 내용은 어떻게 체계화하나?
3	When	언제	언제 발표하나?, 몇 번째인가?
4	Who	누구에게	청중은 누구인가?, 최종 의사결정권자는?
5	Where	어디서	어디에서 발표하는가?
6	How	어떻게	프레젠테이션 방법을 어떻게 할 것인가?

(2) 프레젠테이션 기획

프레젠테이션을 기획하고 실행하는 절차는 '목적 설정(목표 설정), 정보수집(분석)과 청중 분석, 내용 개발, 자료 개발, 연습·점검 및 실행'의 6단계를 따른다.

❸ 프레젠테이션 프로세스

[프레젠테이션 프로세스]

(1) 목표 설정

"이 프레젠테이션을 통해 달성하고자 하는 것은 무엇인가"를 묻고 핵심 개념을 개발한다. 핵심 생각은 청중 설득을 위한 핵심 포인트이다.

(2) 정보 분석

청중이 무엇을 요구하는지, 어떤 것에 흥미를 느끼는지를 분석하여 프레젠테이션에 필요한 기본정보들을 수집한다.

(3) 내용 개발

서론-본론-결론의 3단계로 구분한다.

서론	• 청중의 흥미 유발, 신뢰감을 조성하며 발표 내용을 간단하게 소개
본론	• 본론을 개발할 때는 먼저 논리적 스토리라인을 개발해야 한다. • 비즈니스 프레젠테이션은 기본적으로 'PREST 프레임'을 따른다. • 여기서 PREST 스토리 라인은 Point(결론), Range(범주), Example(예), Solution(방법)과 Summary(요약), 그리고 Thanks(감사.다짐) 의 첫 글자를 조합한 것이다. • 논리적 스토리라인으로 청중의 관심을 유지시키며 발표한다.
결론	• 결론단계에 할애되는 시간은 전체의 1/10정도가 바람직하며 발표의 핵심을 요약한다. • 다음단계의 윤곽과 긍정적 결론을 내리며, 질의응답의 시간을 갖는다.

잠깐! 알아두기

PREST 프레임
- Point(결론) : 결론이나 주장을 명확히 한다.
- Range(범주) : 결론과 주장에 대한 근거를 범주화하여 제기한다.
- Example(예) : 각 범주별로 예시를 3개 정도 제시한다.
- Solution(방법) : 문제해결을 위한 경우 원인을 해결할 방법을 제시한다.
- Summary(요약) : 지금까지의 내용을 한마디로 요약하여 재강조한다.
- Thanks(감사.다짐) : 상대방의 경청에 대해 감사를 표시하고, 앞으로의 다짐을 한다.

(4) 자료개발

청중은 말로만 들을 때보다 시각적으로 볼 때 더 정확하게 이해한다. 시각 자료를 개발할 때에는 단순화, 일관성, 이미지 및 컬러화 원리에 유의한다.

(5) 연습·점검 및 실행

프레젠테이션 전 프리젠터는 충분한 연습을 통하여 자신감을 가져야 하며 연습을 통해 깔끔하게 전개되는지, 자연스러운지 등을 판단하고 개선한다.

4 30분 프레젠테이션 예시

No	구분	내용	소요 시간
1	오프닝	자기소개, 인사말, 운영계획, 주제 소개 등	1분
2	서론	본론 전개를 위한 화두(질문제시), 본론내용 예고	2분
3	본론	주요 내용, 세부 내용, 근거자료	20분
4	결론	청중에게 기대하는 핵심 내용 및 결론	2분
5	질의응답	부정적 이미지 해소, 긍정적 이미지 강화, 추가내용전달	3분
6	결언	청중의 의사결정이나 행동을 촉구하는 내용	2분

3 프레젠테이션 실전 스킬

1 프레젠테이션 필수 점검 사항

대중 앞에서 발표할 기회를 많이 갖지 못한 사람들이라도 몇 가지에 유념하면 자신감을 얻을 수 있다. 발표자가 숙지해야 할 사항을 요약하면 다음과 같다.

(1) 내용의 숙지

① 기억력을 최대한 활용하고 발표내용을 충분히 읽는다.
② 발표내용 전체를 모두 외운다는 생각을 버리고 강조해야 할 몇 가지 내용과 인용할 수 있는 몇 마디를 준비하는 것이 효과적이다.
③ 사전에 발표할 내용을 충분히 읽어야만 청중과 시선 접촉을 하면서 여유 있게 발표 시간을 이끌어 갈 수 있다. 여러 번 읽으며 나의 언어로 바꾸고, 익숙하게 표현할 수 있도록 한다.

(2) 충분한 연습과 개선

① 모의 발표를 통해 자신의 모습을 파악하고 개선한다.

② 청중이 앞에 있다고 가정하고 모의 발표를 진행한다. 거울로 보이는 나의 모습 또는 셀프 동영상을 통해 나의 모습을 객관적으로 평가하고 피드백, 개선한다.

③ 어색한 모습은 없는지 장황하여 순간 흥미를 잃게 하지는 않는지 등을 확인하고 개선한다.

(3) 사전 장소 확인

① 가능하다면 미리 장소를 확인하는 것도 좋다.(생략 가능)

② 공간 및 좌석의 배열상, 발표 마이크나 프로젝터 사용이 원활한지 등을 점검해 본다.

2 프레젠테이션 스피치

프레젠테이션 스피치는 자연스러움과 변화, 그리고 발음의 명료성을 핵심으로 한다. 특히 프레젠테이션을 할 때는 대화를 할 때보다 발음을 분명하게 하는 것이 중요하다.

(1) 자연스럽게 말하기

① 프레젠테이션 할 때에도 평상시 대화하는 것처럼 청중과 상호작용하면서 자연스럽게 말하는 것이 중요하다.

② 일반적으로 프레젠테이션 상황에서는 심리적 긴장으로 스피치 속도가 빨라지고 목소리의 톤이 높아지므로 평상시 대화할 때보다 조금 천천히 말하면서 목소리를 낮추고 핵심 포인트를 강조한다.

(2) 스피치에 변화주기

① 프레젠테이션 스피치에서 가장 유의하여야 할 점은 단조로움을 피하는 것이다.

② 변화 있고 리듬있는 스피치를 연습해야 한다.

[리듬 있는 스피치 연습 예시]

의미 단위로 자연스럽게 끊어서 둥근 억양으로 읽어본다.

• 오늘 새벽 동해안에 / 약한 황사가 찾아왔습니다.

• 황사는 중부지방 등으로 확산되겠고 / 남부지방에는 비가 꽤 많:이 오겠습니다.

(3) 발음을 명료하게 하기

① 발음을 명료하게 할수록 지적인 이미지와 프로페셔널한 이미지를 준다.

② 조음기관을 게으르게 사용하고는 정확한 발음을 할 수 없다.

③ 발음 전 얼굴과 턱, 혀를 충분히 풀어준 후 발음 연습을 한다.

④ 발음에서 제일 기본이자 중요한 비법으로는 입을 크게 벌리는 것이다. 입을 크게 벌리지 않고서는 발음을 정확하게 할 수 없다. 입을 크게 벌려 입안의 아치를 열어주고 혀는 최대한 아래로 내려 공기를 아래로 보내고 모음을 정확하게 발음하는 연습을 한다.

3 비언어적 요소, 보디랭귀지 등

(1) 어피어런스

① 때와 장소에 따라 상황에 맞는 옷이 따로 있으며 상황에 맞는 옷차림을 TPO라고 한다.

② 너무 멋을 부리거나 경박한 차림이 아닌 자신의 단점을 보완한, 상황에 맞는 옷차림을 하면 좋은 첫인상을 줄 수 있다.

③ 프레젠테이션할 때는 보수적인 옷차림이 무난하며, 비즈니스 정장 차림을 추천한다.

 **잠깐! 알아두기**   ○○○

프레젠테이션의 목적에 따라 때로는 자유분방한 옷차림도 괜찮다. 애플의 스티브 잡스는 프레젠테이션 시 검정티와 청바지를 자주 입었다.

(2) 얼굴표정

① 얼굴은 감정을 표현하는 제1의 비언어 커뮤니케이션이라고 한다. 감정에 따라 나도 모르는 사이 얼굴에 표정이 지어지는 등 수천 개의 다른 표정을 나타낼 수 있다.

② 얼굴은 커뮤니케이션 잠재력이 가장 많은 부분이며, 우리의 감정을 가장 많이 나타내는 신체 부위이기도 하다.

③ 얼굴의 표정은 사람들과의 관계에서 태도를 반영하고 다른 사람의 말에 비언어적 피드백을 제공하기도 한다. 표정이야말로 말 다음으로 가장 중요한 감정 표출의 정보원이라고 말할 수 있다.

④ 얼굴 표정은 상대에게 호감을 주느냐 못 주느냐를 결정할 수 있다. 프레젠테이션할 때의 이상적인 얼굴 표정은 살짝 미소를 지어 입꼬리를 올리는 모습이다. 시종일관 웃는 것이 아니라 내용에 따라 얼굴 표정을 적절하게 변화시켜야 한다.

(3) 시선 처리

프레젠테이션할 때에도 청중이 아무리 많더라도, 프리젠터와 대화한다는 느낌이 들 수 있도록 바라보면서 하는 것이 좋다. 청중 한 명씩을 보고 대화하듯 자연스럽게 시선을 옮기며 발표한다.

(4) 자세 및 제스처

① 자연스러운 자세와 제스처를 사용하는 것이 좋다.

② 프레젠테이션 시 두 발을 어깨너비로 하고, 체중을 양발에 균등히 실은 상태에서 허리와 어깨를 곧게 펴고 편안하게 서는 것이 좋다.

③ 자세는 한 곳에 머무르기보다는 일정 범위에서 자연스럽게 움직이는 것이 더욱 편안해 보인다.

④ 제스처는 말을 통하여 전달되는 메시지의 의미를 명확하게 해주면, 특정 내용을 강조하는 기능을 한다.

⑤ 제스처는 머리 위나 허리 아래로 내려가지 않는 것이 좋고, 좌우로는 양어깨로부터 30cm 이상 벗어나지 않는 것이 좋다.

말보다 눈빛, 표정, 몸짓에 더 감동(사례)

비언어적 의사소통 중요성을 입증한 사람이 버락 오바마 전 미국 대통령이다. 오바마 전 대통령은 2011년 애리조나 총기 난사 사건 추모 연설 도중, 희생자 소녀를 언급하다 울음을 애써 참느라 51초간 눈을 깜박이고 '침묵' 하였다. 이 연설로 오바마 전 대통령은 국민과 소통하는 대통령 이미지를 각인시켰다.

①　커뮤니케이션의 중요성

① 커뮤니케이션은 일상의 삶에서 대단히 중요한 부분을 차지한다. 보편적인 생활에서 커뮤니케이션 활동이 차지하는 비율은 전체의 3/4이라고 말할 수 있을 정도이다.

② 개개인을 묶어 사회가 만들어지며, 커뮤니케이션을 통해 한 개인이 다른 사람과 연결될 수 있다. 이러한 커뮤니케이션 역할을 통해 유기적 관계를 형성하고 유지하며, 조직의 목표를 달성하는 기본수단이 된다.

③ 커뮤니케이션이 효과적으로 기능을 하면 의도된 목적을 달성할 수 있다. 발생하는 많은 문제는 커뮤니케이션의 잘못에서 비롯되는 경우가 많기 때문에 상대와의 커뮤니케이션 능력은 개인·집단·조직의 성공과 직결된다고 말할 수 있다.

②　효과적 커뮤니케이션 기법

말하기 보단 듣기	'70%를 듣고, 30%를 말한다'라는 규칙을 지킨다.
이해와 공감	상대방의 감정과 상황, 의견을 파악하려고 노력한다.
관심 유지하기	상대가 이야기할 때 주의 깊게 듣지 않고 다른 생각을 하거나 머릿속으로는 그 다음 내가 무슨 말을 할지 구상하는 경우가 있는데, 상대의 대화에 관심을 유지하는 것이 필요하다.
분명하고 명확하게 말하기	장황하지 않게 한 가지 내용으로 이야기해야 의사소통의 오해가 없다.
리액션, 반응, 표현하기	눈을 마주 보거나, 고개를 끄덕이거나 등의 표현으로 적극적으로 듣고 있다는 긍정 메시지를 전달한다.
핵심을 파악하기 위한 노력	상대의 말을 주의 깊게 경청하면서 상대가 말하고자 하는 핵심 내용이 무엇인지, 진짜 말하고자 하는 바가 무엇인지 등을 알아차리려는 의도적 노력을 해야 한다.
'I-message' 나 전달법 사용	대화의 주체가 '너 You'가 아닌 '나 I'로 하여 전달하고자 하는 내용을 표현하는 방법이다. 나의 생각이나 감정을 표현하는 방식으로 상대방의 감정을 덜 자극한다는 큰 장점이 있다.

③　직장 내 비즈니스 커뮤니케이션

① 비즈니스 커뮤니케이션은 조직의 성과에 여행을 미치는 매개 역할을 하며 내부 커뮤니케이션과 외부 커뮤니케이션으로 나눌 수 있다.

② 내부 커뮤니케이션은 조직 내에서 상사, 동료, 부하, 후배, 집단, 조직 간에 메시지를 교환하는 활동이다. 외부 커뮤니케이션은 고객, 공급자, 정부, 그리고 일반 대중 등의 이해관계자들과 메시지를 교환하는 활동이다.

④ 비즈니스 커뮤니케이션 – 회의

① 회의는 2명 이상이 모여 각자의 생각과 의견, 정보를 자유롭게 이야기하는 과정이다.

② 개인과 개인 간의 대화가 아닌 집단 내 개인 간의 공식적인 대화라는 점에서 일대일 대화보다는 다소 복잡한 성격을 지니고 있다.

③ 대회의 목적은 대부분 문제해결 혹은 정보교환이지만 소집단 회의에서는 여러 구성원이 함께 아이디어를 도출하고 토론하며 협력적인 의사결정을 해 나가는 과정이 의미가 있는 것이다.

④ 다양한 생각, 의견이 융합되면서 더 나은 아이디어를 만들어 가는 지성의 장이라 할 수 있고, 단지 상사의 생각이나 의견을 일방적으로 지시하고 전달하는 자리가 아니다.

[SMART 회의]

S	Simple	간단	회의 진행이 간단명료하고
M	Management	관리	회의 운영이 잘 관리되며
A	Action	실행	회의의 결과가 정확히 실행에 옮겨지고
R	Respect	존경	상호 존중하는 분위기에서
T	Time	시간	회의 시간이 엄수되는 회의

⑤ 비즈니스 커뮤니케이션 – 프레젠테이션

프레젠테이션은 정해진 시간 내에 상호 원하는 목표를 달성하기 위해 발표자가 이해관계자에게 사실, 정보, 의견 등을 전달하고 설득하는 과정이다. 세미나, 학회, 국제회의에서 발표를 포함해서 직장에서 동료들을 대상으로 하는 브리핑, 상사와 동료에게 드리는 보고, 학교 수업 시간의 발표 등 모두 포함된다. 지식 기반 사회에서 자신이 보유한 정보와 지식을 가공하고 재결합해서 새로운 가치를 창출하는 것이 프레젠테이션의 핵심이라 할 수 있다.

[프레젠테이션 프로세스]

목표 설정 → 정보 분석 → 내용 개발 → 자료 개발 → 연습·점검 → 실행

기획단계　　　　　　　실시단계

Chapter 01 비즈니스 매너

1 비즈니스 매너

매너(예절)는 다른 사람들과 함께 더불어 잘 살아가기 위한 일종의 약속으로, 상대방이나 다른 사람들에 대한 존중을 기본 바탕으로 하고 있다. 최근에는 급격한 사회변화로 인해 집단 우선주의의 과거에서 벗어나 개인의 개성과 자율성이 대두되어 예절은 거추장스럽고 낡은 것으로 인식되고 있다.

그러나 시대나 사회가 변화하여도 인간은 다른 사람들과 더불어 살아가야 하고, 혼자 살 수 없으며, 나 자신만 존중받을 수는 없다. 즉, 나 자신이 하나의 인격체로서 정당한 대접을 받고 존중받기를 원하는 만큼 다른 사람들을 존중하고, 대접해 주어야 한다.

1 비즈니스 매너 기본원칙

직장은 다양한 성격과 개성을 가진 여러 사람이 모여 공동의 목표(이익 창출)를 추구하는 곳으로, 다른 사람들을 존중하고 상호 예의를 갖추어야 한다.

국가에는 법이 있고, 학교에는 교칙이 있듯이 직장에도 사내 내규 또는 사칙이 존재한다. 직장의 규칙과 규범을 지키는 것은 개개인의 마찰을 줄이고, 업무능률 향상에 긍정적인 역할을 한다.

(1) 직장에서 동료들과 원만한 관계 유지

① 하루 중 절반에 가까운 시간을 함께 보내는 직장에서 동료들과 원만한 관계를 유지함으로써 자신의 대인 관계 능력을 강화한다.

(2) 다른 사람에 대한 배려심(상호 존중)

① 다른 사람에 대한 배려심을 키울 수 있다.
② 직장인에게 있어 비즈니스 매너는 업무시간과 공간에서 지켜야 할 최소한의 예의이다.

(3) 수용과 인정

① 상호 존중을 바탕으로 하여, 더 쾌적한 근무환경을 만들기 위해서는 수용과 인정, 존중이 필요하다.

② 상대방을 있는 그대로 받아들이고, 상대방의 장점은 인정하고, 칭찬할 수 있어야 한다.

③ 상대방의 단점은 들추지 않고, 나와 다른 사람이라는 것을 명심하면서 개개인을 존중하도록 한다.

잠깐! 알아두기 ○○○

올바른 비즈니스 매너는 직장생활에 있어 상사, 동료, 후배 등 다양한 직장 내 구성원들과 상호 존중하며 지낼 수 있도록 해준다. 직장은 하루 중 대부분 시간을 보내는 곳으로, 삶을 영위하기 위한 터전이자, 노동의 대가를 지급해 주는 곳이다. 즉, 돈(급여)을 받고 일하는 곳이지, 무언가를 배우거나(학교), 친목·취미, 혹은 쉬는 곳이 아님을 명심하여야 한다.

바른 비즈니스 매너를 익히는 것은 본인 자신을 위한 것일 뿐만 아니라 조직 구성원 개개인이 바람직한 태도와 행동으로 업무에 임하게 하여 올바른 기업문화를 조성하는데 기여할 수 있다.

2 직장에서 지켜야 할 매너

서로 다른 여러 사람이 모인 직장에서 서로에게 불편을 끼치지 않고, 원활한 업무환경을 만들기 위해 직원 간의 행동에 예의를 갖추어야 한다. 또, 직장의 규칙과 규범을 지키고, 사내 문화를 존중하도록 해야 한다. 여러 사람이 모여있는 곳인 만큼 자신의 개성만을 드러내거나, 자신의 방식을 고수하기보다 모두가 약속한 방식으로 행동하도록 한다. 자신이 존중받기를 원하는 만큼 다른 사람들도 존중하여야 하므로, 자신을 낮추는 공손함과 배려가 필요하다.

1 출·퇴근 매너

① 직장 예절의 가장 기본은 출·퇴근 시각의 엄수이다.

② 정해진 출근 시각을 명확하게 지키고, 출근 시각 전에 도착하여 업무 시작 시각에 맞춰 업무가 진행될 수 있도록 준비한다.

③ 출근할 때 밝게 먼저 인사하고, 인사를 하고 난 뒤 자리에 착석하여 업무를 준비한다.

④ 지각할 경우, 반드시 상사나 사수에게 연락해야 하며, 지각 사유는 솔직하게 이야기하고 출근할 때 "늦어서 죄송합니다."라고 반드시 인사하여야 한다.

⑤ 조퇴가 필요한 경우, 조퇴 사유를 보고하고 상사나 부서장의 허가를 받도록 하여야 한다.

⑥ 퇴근할 때는 퇴근 준비 후, 아직 근무 중인 동료가 있으면 인사하고 퇴근하도록 한다.

⑦ 상사보다 먼저 퇴근하게 될 때 "일이 있어 먼저 들어가 보겠습니다."라고 인사하고 퇴근하도록 한다.

⑧ 퇴근 시에는 자기 자리를 정리하고, 전기기구 코드 등을 확인한 후 퇴근한다.

② 근무 중 매너

① 근무 중에는 오랜 시간 자리를 비우지 않도록 한다.

② 거래처 방문 및 은행, 우체국 볼일 등 장시간 자리를 비울 때는 목적지와 용건, 예상 소요 시간 등을 동료나 상사(사수)에게 이야기하고 양해를 구하도록 한다.

③ 거래처 미팅 등의 경우, 돌아와서 상사에게 결과를 보고하여야 한다.

④ 점심시간을 특히 엄수하도록 하며, 점심 식사 후 양치질 등은 가능하면 점심시간 내에 완료하도록 한다.

⑤ 티타임 등 동료들과 친목을 다지는 것도 좋지만, 업무시간에 자리를 오래 비우는 것은 좋지 않으므로, 업무시간 중 사적인 볼일을 처리하는 것은 삼가도록 한다.

⑥ 업무시간에 잡담으로 타인의 업무를 방해하지 않도록 대화는 조용히 하고, 회의 시작 5분 전에는 참석하여 준비를 마치도록 한다.

⑦ 업무 내용은 메모하며 경청하고, 타인의 말을 끊거나 잡담을 하지 않도록 한다.

③ 기타 비즈니스 매너

① 동료나 상사가 부르면 바로 대답하도록 한다. 먼저 대답하고, 그쪽으로 이동하는 것이 바른 순서이다.

② 입사 후, 업무 교육을 받거나 인수인계 시, 또는 평소 업무지시 내용 등은 메모하며 경청하도록 한다. 잘 모르는 것은 반드시 질문하여 업무를 처리하도록 하고, 메모를 활용하여 같은 내용을 반복해서 묻지 않도록 한다.

③ 업무지시를 받았을 경우, 업무 내용과 보고일시를 파악하여 중간중간 상황을 보고하고, 업무가 늦어질 때는 미리 양해를 구하도록 한다.

④ 직장 업무는 다른 사람들과 모든 일이 연계되어 있으므로, 다른 사람의 업무에 지장이 없도록 정해진 기간을 엄수하여 본인의 책임을 다해야 한다.

잠깐! 🔍 알아두기　　　　　　　　　　　　　　　　　　　　　○○○

직장에서 지켜야 할 매너 플러스

- 대부분의 직장 업무는 다른 사람들과 업무가 연계되어 있어, 상대방에게 피해를 주지 않도록 자신의 업무에 책임을 다하여야 한다.
- 비록 자신의 업무가 아니거나 정해진 업무가 아니더라도 자신의 업무와 연계된 부분은 도움을 주고, 받을 수 있어야 한다.
- 때로는 힘들고 어려운 일이라도, 본인이 수고를 아끼지 않겠다는 마음 씀씀이가 필요하다.
- 직장 예절의 가장 기본이라 할 수 있는 정직과 성실을 항상 되새기며, 사내 규범이나 문화에 어긋나는 부정 및 비위를 행하거나, 당장의 편의를 위해 부정에 타협하지 않도록 하여야 한다.

1 자세

1 선 자세

배에 힘을 주어 어깨와 허리, 가슴을 펴 반듯하게 선다. 턱을 치켜들지 않도록 당기고, 표정은 밝게 하며 시선은 상대방의 인중을 바라보도록 한다. 남녀 모두 평소에 바른 자세를 익히기 위해 연습을 하고, 자신의 자세에 대해 인지하고 긴장감을 유지하려 노력해야 한다.

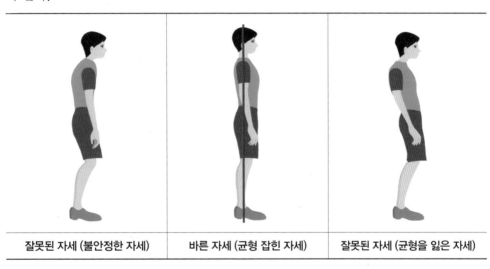

| 잘못된 자세 (불안정한 자세) | 바른 자세 (균형 잡힌 자세) | 잘못된 자세 (균형을 잃은 자세) |

(1) 남성의 바른 선 자세

① 남성의 바른 선 자세는 차렷 자세이다.
② 발뒤꿈치를 모으고, 발끝은 자연스럽게 30° 정도 벌리고, 다리 전체에 힘을 주어 바르게 선다.
③ 시선은 치켜뜨지 않도록 주의하며, 턱을 당긴다.
④ 손은 달걀을 하나 쥔 듯한 느낌으로 자연스럽게 바지 옆선에 두도록 한다.

(2) 여성의 바른 선 자세

① 여성은 남성과 비슷하나, 발뒤꿈치를 붙이고 발끝은 살짝만 벌리도록 한다.
② 서 있는 자세에서는 '공수법(拱手法)'이라고 하여 손을 가지런히 모은다.
③ 두 손을 가지런히 포개어 정면에서 엄지가 보이지 않도록 하며, 손날은 가볍게 편다.
④ 여성은 오른손이 위로 가게 손을 가지런히 포개며 남성은 왼손이 위로 가도록 한다.

> **잠깐! 알아두기** ○○○
>
> **흉사(凶事)에서의 공수 손의 위치**
> 장례식 등 흉사에서 공수 손의 위치는 여성은 왼손이 위로 가도록 하며, 남성은 오른손이 위에 가도록 한다.

2 앉은 자세

의자에 착석할 때는 엉덩이를 뒤로 밀고, 상체를 앞으로 기대어 앉거나 반대로 엉덩이를 앞으로 빼고, 상체를 뒤로 밀어 앉지 않도록 한다. 엉덩이를 의자 깊숙이 넣고, 선 자세와 마찬가지로 배에 힘을 주어 상체를 바로 세워 등과 등받이 사이에 주먹 하나가 들어갈 수 있도록 공간을 두고 앉는다.

(1) 남성의 바른 앉은 자세

① 남성은 앉은 자세에서 다리를 너무 넓게 벌리고 앉지 않도록 주의한다.
② 주먹 한두 개 정도의 거리를 두고 발은 11자로 둔다.
③ 두 손은 가볍게 주먹을 쥐어 허벅지 위에 두거나, 여성처럼 공수법으로 가지런히 둔다.
④ 턱을 당기고 시선은 정면을 향하며 미소를 짓는다.

(2) 여성의 바른 앉은 자세

① 여성은 무릎을 붙여 두 다리를 가지런히 두고 앉는다.

② 두 손은 공수법으로 가지런히 포개어 허벅지 위에 두도록 한다.

③ 스커트를 입었을 때는 손으로 스커트 끝을 가볍게 눌러 고정한다.

3 방향 지시

① 다른 사람에게 안내할 때는 손가락으로 방향을 가리키지 않고 손가락을 모으고, 손바닥 전체를 펴서 안내하도록 한다.

② 이때, 손등을 보이거나 손목이 굽지 않도록 주의한다. 시선은 상대방의 눈을 보며 설명하다가, 손으로 가리키는 방향을 바라보고 다시 상대방의 눈을 바라보며 설명을 마무리한다.

③ 오른편을 가리킬 때는 오른손을, 왼편을 가리킬 때는 왼손을 사용한다. 거리감은 팔꿈치의 각도로 표현하며, 거리가 멀수록 팔을 편다.

2 인사

1 인사의 의미

① 인사는 상대방을 존중하는 의미이며, 만남의 첫걸음이자 상대방에 대한 마음의 표현이다.

② 인사는 인간관계의 기본이며, 시작과 끝이라 할 수 있다.

③ 인사는 상대를 존중하는 마음과 호감을 드러내는 표시이며, 상호 인사를 나누는 것이지만, 상대방의 인사를 기다리기보다 자신이 먼저 인사를 하는 것이 좋다.

2 인사할 때 자세

인사를 할 때는 자세를 바르게 하고, 상대를 향해 서서 상대의 눈을 보며 인사말을 하며 상체를 정중히 굽힌다. 인사의 종류에는 목례, 보통례, 정중례가 있는데, 상대나 상황에 맞는 인사가 필요하다.

목례	• 친한 사람이거나 좁은 장소에서 인사하게 될 경우, 상체를 15° 정도 숙인다.
보통례	• 일반적인 인사이며, 사람을 맞이하거나 배웅할 때 쓰는 인사로 상체를 30° 정도 숙인다. • 출근하여 하루의 시작을 알리는 인사와 퇴근 시의 인사로 적절하다.
정중례	• 잘못을 사과하거나 정중하게 감사의 표현을 하고자 할 때 상체를 45° 정도 숙인다.

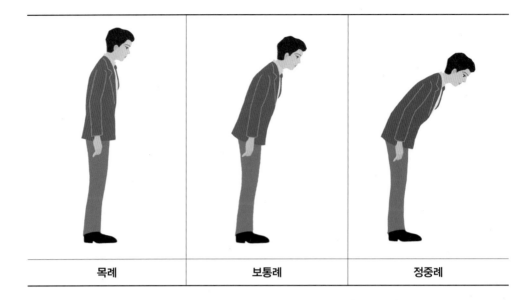

목례	보통례	정중례

3 인사의 목적 및 방법

① 인사는 사람에 대한 좋은 인상을 심어주기 위한 효과적인 수단이다.

② 내가 먼저 밝고, 명랑하게 인사하도록 한다. 인사말은 분명하게 말하되, 때와 장소 및 상황에 맞는 인사말을 한다.

③ 근무 중 또는 회의 중 상급자가 들어오거나 나갈 때 일어서서 인사한다.

④ 타 부서나 거래처 직원도 먼저 일어서서 인사하도록 한다.

⑤ 계단에서 인사하게 될 경우, 윗사람이 아래쪽에 있을 때는 일단 옆으로 비켜선 후, 같은 계단에 오면 인사한다.

 • 상대의 눈을 보지 않고 땅만 보며 하는 인사
  • 고개만 꾸벅 숙이고, 아무 말도 하지 않는 인사
  • 인사말을 중간에 끊는 인사 (안녕하세...)
  • 고개만 까딱하는 인사
  • 조직폭력배 같은 과한 인사

잠깐! Q 알아두기 ○○○

잘못된 인사말

• "수고하셨습니다."는 윗사람이 아랫사람에게 하는 인사말이므로 주의가 필요하다.

인사의 중요성

• Primacy effect(초두효과) : 사람들은 타인을 볼 때, 처음에 받는 첫인상의 영향을 가장 크게 받는다. 어떤 사람의 첫인상이 좋지 않으면 나중에 그 사람의 좋은 점을 보아도 그다지 소용이 없다. 즉, 좋은 첫인상을 주기 위해 정중한 첫 인사가 중요하다.

• 인지적 구두쇠 효과 : 사람들은 타인을 인식할 때 크게 노력하지 않는다. 대부분의 사람이 첫인상으로 판단하기 때문에, 첫인상이 좋지 못하면 위의 초두효과에서 언급한 것처럼 호감으로 바뀌기 힘들다.

3 복장 매너

직장은 학교나 친목 모임 자리가 아니므로, 정해진 복장(복식) 매너를 엄수해야 한다.

1 남성의 경우

남성 복장은 수트(정장)를 원칙으로 한다. 복장이 자유로운 경우, 비즈니스 캐주얼이나 면바지와 셔츠, 피케셔츠 등이 적당하다.

(1) 수트(정장)를 입을 경우

① 수트(정장)를 입을 경우 셔츠 안에는 원래 속옷을 입지 않는다.
② 구두는 수트(정장)의 색과 매치하여 고른다.
③ 바지는 구두의 3/4을 덮는 정도가 적당하다. 바지가 구두 등을 살짝 덮고, 뒷부분이 구두 굽 시작 지점까지 내려오도록 한다.
④ 타이는 허리띠에 닿을 정도로 매는 것이 적당하다.

(2) 비즈니스 캐주얼을 입을 경우

① 비즈니스 캐주얼을 입을 때는 튀는 색은 지양하고, 네이비, 베이지, 화이트, 그레이 등 단정한 컬러를 착용하도록 한다.
② 신발은 운동화보다는 단정한 단화(로퍼)를 신도록 한다.

2 여성의 경우

여성의 경우, 정장 복장이라 하더라도 남성보다 제약이 덜하고, 컬러나 디자인 등을 자유롭게 착용할 수 있다. 다만, 비치는 옷(시스루 룩)이나 노출이 심한 옷, 요란한 컬러(원색이나 형광 컬러 등)의 옷이나 스타킹 등을 피한다. 액세서리 역시 과하고 큰 아이템은 피하고, 향수나 화장품 향을 너무 과하게 풍기는 것도 좋지 않다.

내·외부 고객 응대 매너

1 ○ 소개 및 명함 매너

사회생활을 하다 보면 다른 사람들과의 만남을 통해 자신의 인맥을 형성하게 된다. 이러한 만남에서 자신의 지인을 다른 사람들에게 소개하기도 하고, 다른 사람들을 소개받기도 하는데, 소개의 바른 매너를 함양하여 서로를 이어주는 가교 역할을 하도록 한다.

1 소개 매너의 기본원칙

① 사람을 소개하는 순서는 지위가 낮은 사람을 지위가 높은 사람에게 소개하도록 한다.
　→ 후배나 직급이 낮은 사람을 선배나 직급이 높은 사람에게 소개하도록 한다.
② 나이가 어린 사람을 나이가 많은 사람에게 소개한다.
③ 직급이나 연령이 같은 경우에는 더 잘 아는 사람을 먼저 소개하거나, 소개를 원했거나 요청한 사람을 먼저 소개한다.
④ 소개 시에는 모두 일어나는 것이 매너이다.
⑤ 소개 후 인사를 나누고, 자신의 소속과 이름을 말한다.

> **사람 소개할 때의 예시**
> • "OOO의 XXX 씨입니다."라고 소개하고, 소개된 두 사람은 "처음 뵙겠습니다." 등의 인사말과 함께 다시 한 번 자신을 소개한다.
> • 소개 시 인사를 나눌 때, 인사와 같이 악수를 하기도 한다.

2 명함 매너

(1) 명함 주고받을 시 매너

① 명함은 자신의 얼굴과도 같으므로 명함 지갑이나 지갑에 넣어 구겨지지 않게 보관한다.
② 명함을 건넬 때는 반드시 일어서서 오른손으로 들고, 상대방이 바로 읽어볼 수 있도록 명함을 돌려 건넨다.
③ 본인의 이름을 밝히면서 명함의 오른쪽 끝을 오른손 엄지와 검지로 잡고 왼손으로 가볍게 받쳐 인사말과 함께 가슴 높이로 건넨다.
④ 명함을 받을 때도 일어서서 두 손으로 받으며, 상대방의 명함은 그 자리에서 바로 확인한다.

⑤ 상대의 명함을 받으면 자신의 명함도 주어야 하는데, 만약 없다면 죄송하다는 인사와 함께 양해를 구하도록 한다.

⑥ 명함을 주고받을 때 상대편이 두 명 이상이라면, 더 윗사람에게 먼저 명함을 건넨다.

(2) 명함 주고받을 시 기본 매너에 어긋나는 행동

① 다른 사람과 명함을 주고받을 때, 명함을 찾지 못해 허둥대는 것은 실례되는 행동이다.

② 명함을 주고받을 때 상대방의 명함을 받고, 살펴보지도 않고 바로 가방이나 주머니에 넣거나, 명함을 그냥 테이블 위에 두고 오는 것은 예의에 어긋난다.

③ 상대 앞에서 상대방의 명함에 글씨를 쓰거나, 명함을 구기는 것, 상대방의 명함을 뒷주머니에 넣는 것도 마찬가지다. 명함을 받으면 바로 상대방의 이름을 외워 불러주도록 하고, 이름을 잊어버려 다시 명함을 꺼내어 보는 것도 예의에 어긋나므로 주의하도록 한다.

 잠깐! 알아두기   ○○○

명함의 유례

• 명함은 유럽에서 시작된 것으로, 과거 자신이 방문했을 때 만나야 할 사람이 없으면 명함의 오른쪽 윗부분을 접어두어 명함의 주인이 직접 다녀갔다는 의미로 사용하였다.

• 명함의 표기 내용과 크기는 국가나 용도에 따라 조금씩 다르며, 서양에서는 사교용 명함과 업무용 명함을 구분하여 사용하기도 한다.

---

2 악수 매너

사회생활을 할 때, 처음 만나거나 오랜만에 만나는 사람들과 악수를 하게 된다. 처음 만나 소개받는 자리에서는 소개 매너, 명함 매너와 함께 악수 매너를 익혀 부드러운 분위기를 만들도록 한다.

1 악수 매너의 기본원칙

① 악수는 일어서서 오른손으로 한다.

② 오른손 네 손가락은 가지런히 펴고, 엄지는 벌려 상대방의 오른손을 살며시 쥐었다가 놓는다.

③ 악수는 상급자가 먼저 청해야 한다.

④ 남녀 간의 악수도 상급자가 먼저 청한다.

⑤ 같은 직급이거나 또래의 경우 여자가 먼저 청한다.

2 악수 시 기본 매너에 어긋나는 행동

① 손을 잡을 때는 상대방이 아프게 느낄 정도로 힘을 주는 것은 예의에 어긋난다.

② 지나치게 손을 흔드는 것도 예의에 어긋난다.

③ 우리나라에서는 손을 위아래로 가볍게 흔들거나 왼손으로 상대의 손등을 덮기도 하지만, 서양에서는 예의에 어긋나는 행동이다.

3 ✂ 착석 매너

회의실이나 자동차 등 특정 장소에서 자리에 앉는 데에도 예절이 있다. 대체로 입구에서 먼 안쪽이 가장 상석이다.

1 자동차 상석 위치

(1) 자동차에 운전기사가 있을 경우

① 첫 번째 상석은 조수석 뒷좌석이다.

② 두 번째 상석은 운전석 바로 뒷좌석이다.

③ 세 번째 상석은 조수석이다.

(2) 일행 또는 차주가 직접 운전하는 경우

① 첫 번째 상석은 조수석이다.

② 두 번째 상석은 조수석 뒷좌석이다.

③ 세 번째 상석은 운전석 뒷좌석이다.

2 자동차 탑승 시 기본 매너

① 자동차를 탈 때는 윗사람이나 여성이 먼저 탑승한다.

② 하차 시에는 아랫사람이나 남성이 먼저 내려 차 문을 열어준다.

3 열차 및 항공기 상석 위치

① 열차 이용 시, 열차의 진행 방향 창가 좌석이 최상석이며, 다음은 역방향 창가 좌석이다.

② 항공기에서는 창 측 좌석이 최상석이며, 통로 측 좌석이 두 번째, 중앙 좌석이 마지막이다. 단, 창 측 좌석은 이동에 어려움이 있으므로, 상사나 연장자의 의견을 묻도록 한다.

교통수단에 따른 기본 매너

• 열차나 지하철, 비행기 이용 시 출입구나 통로에서 다른 사람들의 통행을 방해하지 않도록 하고, 화장실 이용 등으로 이동할 때는 다른 사람들에게 방해가 되지 않도록 조용히 이동한다.
• 지하철에서는 음식물을 섭취하지 않도록 하고, 내릴 사람이 모두 하차한 후 탑승하도록 한다.
• 지하철 좌석에 앉을 때는 다리를 모아 앉아, 옆 사람이나 앞에 선 사람이 불편하지 않도록 한다.
• 엘리베이터를 타고 내릴 때는 아랫사람이 윗사람보다 나중에 타고, 먼저 내려 다른 사람들을 돕도록 한다.

4 ⊙ 방문 매너

1 방문 시 기본 매너

① 거래처 및 지인 방문 등 다른 사람의 집이나 회사를 방문할 때 가장 신경 써야 할 부분은 방문 시각에 관한 것이다.
② 사전에 상대방과 서로 편한 시각을 조율하여 약속을 정하여 정해진 시각에 늦지 않게 방문하도록 한다.

2 약속 시간 정할 경우 유의사항

① 식사와 함께 미팅이 진행되는 상황이 아니라면 식사 시간을 피하여 약속을 잡도록 한다.
② 상대를 배려하여 상대의 상황에 따라 정하며, 상대방의 업무나 스케줄에 영향을 끼치지 않도록 미팅 시간이 너무 길어지지 않도록 조절하도록 한다.
③ 대체로 약속 시각 전에 미팅 준비가 완료되므로, 정해진 시각에서 5~10분 정도 미리 도착하는 것이 좋다.
④ 초행일 경우 길을 찾느라 헤매는 시간까지 고려하여 출발 시각을 당기도록 한다.
⑤ 약속 시각에 맞추기 어려운 경우에는 최대한 빠르게 상대방에게 연락하여 정중히 사과하고 양해를 구한 뒤, 도착 예정 시각을 알리도록 한다.

1 전화응대 매너

요즘에는 직접적인 회의와 미팅보다 효율성이 높은 전화나 이메일을 통한 업무 협조가 많이 이루어진다. 이러한 통신수단은 보이지 않는 만남으로, 짧고 빈번한 접촉이 이루어지는 특징이 있다. 대체로 전화나 메일로 먼저 업무 내용을 나누고, 중요한 업무나 이야기는 만나서 진행하는 경우가 많아 통신은 실제 미팅 이전에 사전 미팅으로 여겨지기도 한다.

1 전화 걸 때 매너

① 전화를 걸 때는 상대방의 시간과 장소, 상황이 적절한지 먼저 고려해야 한다.
② 상대방이나 거래처의 업무시간을 확인하여 업무시간 내에 전화하도록 하고, 해외일 경우 현지 시각을 고려하여 전화를 걸도록 한다.
③ 가족이나 친구 등 친분이 있는 사이가 아니라면 긴급한 용건을 제외하고 점심시간, 이른 오전과 늦은 밤에는 전화를 삼가야 한다.
④ 전화를 걸기 전 미리 용건을 메모로 정리해두면 훨씬 부드러운 대화로 통화할 수 있다.
⑤ 전화를 걸 때는 밝은 목소리로 인사한 후 본인의 소속과 이름을 밝힌다. 이후 본인이 통화할 상대방인지 확인하고, 상대방이 아닌 경우 통화 연결을 요청하며, 상대방이 직접 받은 경우는 바로 용건을 이야기한다.
⑥ 잘 들리지 않을 때는 "여보세요"를 계속해서 말하지 않고, "연결상태가 좋지 않은 것 같습니다. 제가 다시 전화하겠습니다."라고 이야기한 후 다시 전화를 걸도록 한다.
⑦ 통화 도중 전화가 끊어졌을 때는 전화를 건 사람이 다시 거는 것이 예의이다.
⑧ 통화할 상대방이 부재중일 때는 메모를 남겨달라고 부탁한 후, 통화자의 성명을 물어 누구에게 부탁해두었는지 파악해야 한다.
⑨ 전화를 잘못 걸었을 때는 "죄송합니다", 또는 "실례했습니다"라고 정중하게 사과해야 한다.

2 전화 받을 때 매너

① 전화를 받을 때는 밝은 목소리로 정중하게 인사말과 함께 자신의 소속 부서와 이름을 밝힌다.
② 3회 이상 전화벨이 울린 경우, 전화를 받고 '기다리시게 해서 죄송합니다'라는 사과를

먼저 한다.

③ 날짜와 시간, 금액 등 중요한 내용은 다시 확인하고 메모하며 통화한다.

④ 성의 없이 응대하거나 "잘 모르겠습니다." 등의 충실하지 못한 답변은 예의에 크게 어긋난다.

　→ 이 같은 경우에는 "알아본 후 연락드리겠습니다."라고 응대한 후, 연락처를 받아 추후 처리하는 것이 좋다.

⑤ 통화 중 옆 사람과 이야기하거나, 너무 오래 기다리게 하는 것 역시 예의가 아니므로, 응답에 시간이 오래 걸리는 경우도 미리 연락처를 요청하고 추후 처리하도록 한다.

⑥ 잘못 걸려온 전화라 하더라도, 회사의 이미지와 관련되므로 친절하게 응대하는 것이 좋다.

3 전화 연결 시 기본 매너

① 전화를 바꿔주거나 다른 직원이나 부서로 전화를 돌릴 때는 전화 받을 사람을 우선 확인한 후 연결한다.

② 전화 연결 시 송화구를 손으로 막고 연결해 주고, 사무실 전화일 경우 Hold 버튼을 이용하여 송화음을 차단한 후 전화를 연결한다.

③ 전화를 바꿔줄 사람이 타부서이거나 직접 확인할 수 없는 자리에 있는 경우, "혹시 전화 연결이 끊어지면 이 번호로 통화 부탁드립니다"라고 하며 전화번호도 함께 알려 준다.

④ 전화를 바꿔주거나 연결할 때는 전화한 사람이 누구인지와 어떤 내용으로 전화하였는지의 내용을 간단히 알린 후 연결한다.

⑤ 전화를 받을 사람이 통화 중이거나 상담 중, 또는 결재를 받는 등 전화를 받을 수 없는 상황일 경우, 해당 사유를 설명하고 양해를 구한 후 메모를 남겨주도록 한다.

4 전화 끊을 시 기본 매너

① 전화를 끊을 때는 "안녕히 계세요", "감사합니다" 등의 끝인사를 하고 끊는다.

② 사무실 전화일 경우, 수화기를 조용히 내려놓는다.

③ 전화는 윗사람이 먼저 끊고, 상하 구분이 명확하지 않다면 먼저 건 사람이 끊도록 한다. 하지만 상대방을 배려하는 차원에서 상대방이 전화를 먼저 끊고 난 후에 전화를 끊는 것이 매너 있는 행동이다.

> **잠깐! 알아두기** ○○○
>
> **회의 중일 경우 전화 매너**
> - 회의 중에는 휴대폰의 전원을 꺼두는 것이 좋으나 불가피할 경우 무음으로 해두고, 중간에 전화를 받으러 밖으로 나가서는 안 된다.
> - 직장에서 사적인 통화는 되도록 간단하게 하도록 하고, 될 수 있으면 삼가는 것이 좋다.

5 기타 전화 매너

(1) 공공장소 휴대폰 사용금지

① 극장이나 공공장소에서는 휴대폰을 사용하지 않는다. 특히 영화나 뮤지컬, 음악회 등 관람 시 핸드폰 불빛도 다른 사람들에게 방해가 되므로, 핸드폰을 꺼내지 않도록 한다.
② 공연 관람 시 나름대로 예의를 지킨다며 고개를 숙이고 낮은 목소리로 통화하거나, 손으로 핸드폰 불빛을 가리고 사용하는 경우 주위 사람들에게 큰 피해를 주는 행동이므로 주의해야 한다.

(2) 영화나 공연 내용 촬영금지

① 영화나 공연 내용을 촬영하는 것은 저작권에 위반되며, 촬영이 허락되지 않은 대상을 무단 촬영하는 것 역시 법에 저촉된다.

(3) 항공기, 병원, 장례식장, 기타 장소

① 항공기와 병원에서 휴대전화 전원을 꺼줄 것을 요청받았을 때는 즉시 응하도록 한다.
 → 항공기 내 여러 첨단 장치와 병원 내 각종 기기의 오류를 발생시킬 수 있기 때문이다.
② 장례식장에서 조문 시에도 핸드폰 사용을 삼가는 것이 고인과 상주에 대한 예의이다.
③ 버스나 지하철, 기차 등 대중교통 수단을 이용할 때는 핸드폰을 진동모드로 하고, 통화는 간단하게 하도록 한다.
④ 수업 중에도 핸드폰을 진동으로 해야 하며, 다른 사람과 함께 대화 중에 휴대폰을 사용하는 행동은 상대방에 대한 예의가 아니므로 주의한다.

2 네티켓(비즈니스 메일)

네티켓은 네트워크(Network)와 에티켓(Etiquette)의 합성어로, 네트워크, 즉 온라인에서 지켜야 할 예의범절을 네티켓이라고 한다. 최근에는 인터넷을 이용한 각종 통신기술의 발달로 온라인으로 업무를 진행하는 경우가 많다. 따라서 올바른 네티켓을 익혀 원만한 근무환경을 조성해야 한다.

1 온라인 업무 시 기본 매너

① 온라인으로 업무를 할 때도 평상시와 마찬가지로 문법에 알맞은 표현과 올바른 맞춤법을 사용해야 한다.

② 요즘 SNS나 각종 커뮤니티에서 맞춤법을 파괴하거나 약어, 은어를 많이 사용하는데, 이를 업무 중에 사용하는 것은 예의에 어긋나므로 주의해야 한다.

③ 업무용 이메일을 쓸 때는 특히 맞춤법과 단어 사용에 주의를 기울이고, 공손한 말투로 이메일을 작성한다.

④ 온라인을 이용하여 대화할 때 표정과 말투, 목소리 톤까지 알 수 없어 오해가 생길 수 있음을 명심해야 한다.

⑤ 이메일을 보낼 때 업무 내용만 작성하여 보내지 말고 처음에는 가벼운 인사말을 건네고, 마무리 역시 "안녕히 계세요" 또는 "감사합니다", "잘 부탁드리겠습니다" 등의 인사말로 마무리하도록 한다.

⑥ 내용을 작성할 때는 비즈니스에 적절한 단어를 사용하고, 문장을 간결하게 작성하도록 한다.

⑦ 수신한 메일은 반드시 답을 주어, 자신이 해당 업무나 스케줄에 대해 인지하고 있음을 상대에게 알려야 한다.

⑧ 여러 사람에게 메일을 보낼 때는 수신인 메일 주소를 잘 확인하고, 참조를 통해 다른 사람에게도 전달되는지 확인하고 발송해야 한다.

⑨ 용량이 큰 자료는 압축하여 주고 받는 것이 좋으며, 자료를 주고 받을 때는 저작권, 지적 재산권 등 법에 저촉되지 않도록 주의해야 한다.

⑩ 문자나 모바일 메신저를 이용하여 업무 관련 연락을 할 때는 자신의 이름을 적어 보내도록 하고, 문자나 메신저로 보내도 무방한 내용일 때만 이용한다. 즉, 사안이 중요한 업무는 문자나 메신저가 아닌 전화로 연락해야 한다.

1 호칭 및 경어 매너

직장 내 다른 사람들과 대화할 때, 올바른 경어와 호칭을 사용하여 사람들을 부르고, 바른 대화 매너를 익혀 다른 사람들에게 긍정적인 이미지를 심어주도록 한다. 다양한 경어와 호칭이 거추장스럽게 느껴질 수도 있지만, 우리나라는 오랜 시간 높임말과 호칭, 경어를 사용해온 문화이므로 올바르게 익히고 사용하는 것이 좋다.

1 호칭 기본 매너

호칭은 사람을 부를 때 쓰는 말로, 나이나 직급, 성별, 직종 등에 따라 호칭이 달라진다. 경칭은 상대에 대한 존경과 존중의 마음을 언어로 나타내는 것이다.

① 자기 자신에 대한 호칭은 웃어른이나 여러 사람에게 이야기할 때 '저(제)'로 한다.

② 같은 또래나 아랫사람에게 말할 때는 '나'로 호칭한다.

③ 자신의 부서와 같이 여러 사람이 있을 때는 '저희(웃어른)', '우리(또래나 아랫사람)'로 이야기한다. 다만, 우리나라를 이야기할 때는 '저희나라'로 낮춰 이야기하지 않고 '우리나라'로 이야기하는 것이 맞다.

2 경어 기본 매너

① 상대방에게 존칭을 사용할 때는 상사의 성(姓)과 직급 뒤에 '님'의 존칭을 붙인다. 성명을 알지 못하는 경우 직위에 '님'의 존칭을 붙이고, 직함이 없을 때는 성 뒤에 선생님, 또는 선배님의 존칭을 붙여서 부르도록 한다.

> 예 김 부장님, 과장님, 이 선생님, 박 선배님 등

② 하급자나 동급자에게는 성과 직급을 붙여 사용한다.

③ 초면이거나 연장자의 경우, 직급을 모르겠을 때는 이름에 '님'을 붙인다.

④ 회사에는 직급이 존재하므로, 나이보다는 직급에 맞추어 존칭과 존댓말을 사용하도록 한다. 또한, 친분이 있는 동료나 직원들이더라도 직원끼리 '언니', '형', '선배' 등의 호칭은 삼간다.

⑤ 존칭은 호칭(사람을 이야기할 때)에만 사용한다. 문서나 이메일 등에는 존칭을 사용하지 않는다. 단, 존칭의 대상자가 같은 자리에 있는 경우 '님'을 붙여 이야기한다.

예시 ❶	• 사장님실 (X) → 사장실 (○) • 부장님 지시 (X) → 부장 지시 (○)
예시 ❷	• 사장이 같은 자리에 있는 경우 → 사장님 지시사항을 공지하겠습니다.

⑥ 차 상급자에게 상급자를 이야기할 때 호칭에 '님'을 붙인다. 반대로 상급자에게 차 상급자를 이야기할 때는 차 상급자가 자신보다 직급이 높아도 존칭을 붙이지 않는다.

[화자가 대리인 경우의 예시]

과장에게 부장을 이야기할 경우	• 김 부장이 지시한 내용입니다. (X) • 김 부장님께서 지시한 내용입니다. (○)

부장에게 과장을 이야기할 경우	• 이과장님이 처리할 예정입니다. (X)
	• 이과장이 처리할 예정입니다. (○)
	• 부장님, 김 과장님은 부재중입니다. (X)
	• 부장님, 김 과장은 부재중입니다. (○)
	  → 자신보다 직급이 높아도 김 부장에게 맞추어 존칭을 붙이지 않고
	    이야기한다.

❸ 잘못된 경어 사용

요즘 서비스직 종사원들이 공손함을 표현하기 위해 문법에 맞지 않는 불필요한 사물 존칭을 사용하는 경우가 많은데, 이는 잘못된 표현이다. 존칭은 사물이 아닌 나보다 높은 '사람'에게 붙이는 것이다.

[사물에 존칭을 붙인 틀린 표현]

• 이쪽으로 쭉 가시면 오른쪽에 나오세요.
• 주문하신 아메리카노 한 잔 나오셨습니다.
• 고객님 차량 나오십니다.

❹ 다른 나라 경어 사용

서양에서는 친구, 직장 동료 등 대등한 위치의 사람이라면 자연스럽게 이름을 부른다. 직급이 높은 경우, 그쪽에서 이름을 부르라고 하면 이름으로 부르고, 그렇지 않으면 그에 알맞은 경어를 사용한다. 서양에서는 정식호칭이 오히려 친분이 덜 쌓인 것이며, 이름이나 약식으로 부를수록 친밀감이 높다.

> 예 Mr. 또는 Miss, Sir 또는 ma'am

좋은 가족관계 경칭

가친	다른 사람들에게 자신의 살아계신 아버지를 이야기할 때
	→ 가친께서도 취미로 등산을 하십니다.
선친	다른 사람들에게 자신의 돌아가신 아버지를 이야기할 때
	→ 선친께서 생전에 커피를 좋아하셨습니다.
춘부장	남에게 그의 살아계신 아버지를 이야기할 때
	→ 부장님 춘부께서는 건강이 괜찮으십니까?
선고장	남에게 그의 돌아가신 아버지를 이야기할 때
	→ 선고장께서 도와주셨던 덕분입니다.
자친	다른 사람들에게 자신의 살아계신 어머니를 이야기할 때
	→ 자친께서 손재주가 좋으십니다.
선비	다른 사람들에게 자신의 돌아가신 어머니를 이야기할 때
	→ 선비께서 생전에 근무하셨던 곳입니다.
자당	남에게 그의 살아계신 어머니를 이야기할 때
	→ 자당께서는 올해 춘추가 어떻게 되십니까?
선대부인	남에게 그의 돌아가신 어머니를 이야기할 때
	→ 선대부인께서 해주셨던 수정과가 참 맛있었습니다.

2 ❂ 대화 매너

좋은 대화는 일상에 활력을 불어넣고, 성공적인 사회생활을 할 수 있도록 돕는다. 또한, 진실한 우정과 화목한 가정을 만드는 데에 도움을 준다. 다른 사람들과의 다양한 대화를 통해 상대방의 성격과 사고에 대해 알 수 있으며, 자신의 가치관이나 사고의 깊이, 폭을 확대할 수 있다.

1 대화 기본 매너

① 다른 사람들과 대화할 때 거리는 60~70cm 정도가 적당하나, 친분에 의해 차이가 있다.
② 가까운 사이일수록 대화할 때 거리도 가까워지며, 반대로 처음 만난 사이이거나 비즈니스 관계일 경우 거리가 더 멀어지기도 한다.
③ 대화할 때 시선은 상대방의 얼굴에 두고, 팔짱을 끼거나 다리를 꼬지 않도록 한다.
④ 상대방의 입장을 고려하여 적당한 대화 주제와 적합한 언어를 사용한다.

⑤ 상대방이 대화에서 소외되는 느낌을 가지지 않도록 주의해야 한다.

⑥ 심한 사투리나 부정확한 발음에 주의하여 자신의 목소리에 맞는 톤과 억양으로 이야기 한다.

⑦ 대화할 때는 명랑한 목소리로 건전하고, 즐거운 이야기를 하도록 한다.

⑧ 타인에 대한 험담이나 은어와 비속어 사용은 지양하고, 적당한 유머와 센스를 발휘하도록 한다.

⑨ 적당한 속도와 정확한 발음으로 이야기하도록 하며, 특정 분야의 전문용어나 약어 사용 시 모르는 사람이 있을 수도 있음을 주의하도록 한다.

2 상황에 맞는 기본 톤

① 흔히 이야기하는 '솔' 톤의 목소리는 전화를 받거나 안내할 때, 여러 사람 앞에서 발표할 때 적당하다.

② 상사나 동료와 업무 이야기할 때는 '미' 톤이 적당하다.

③ 사무실에서 동료 간에 간단한 대화나 사적인 통화 시에는 조용하게 '도' 톤으로 차분하게 이야기하도록 한다.

> **잠깐! 알아두기** ○○○
>
> **좋은 대화의 조건**
>
> 좋은 대화는 말을 많이 하거나 재미있는 이야기를 하는 것보다 잘 들어주는 것이다. 좋은 청중이 되어주고, 상대방의 이야기에 공감해 주고, 상대방에게 칭찬을 아끼지 말아야 한다. 대화 중에는 미소로 상대방에게 호감을 표시해 주고, 살짝 끄덕이는 것으로 상대의 이야기를 주의 깊게 듣고 있으며, 공감하고 있다는 것을 표현한다.

① **직장에서의 매너의 중요성**

국가에는 법이 있고, 학교에는 교칙이 있듯 직장에도 사내 내규 또는 사칙이 존재한다. 직장의 규칙과 규범을 지키는 것은 개개인의 마찰을 줄이고, 업무능률 향상에 긍정적인 역할을 한다.

서로 다른 여러 사람이 모인 직장에서 서로에게 불편을 끼치지 않고, 원활한 업무환경을 만들기 위해 직원 간의 행동에 예의를 갖추어야 하며 직장의 규칙과 규범을 지키고, 사내 문화를 존중하도록 해야 한다. 여러 사람이 모여있는 곳인 만큼 자신의 방식을 고수하기보다 모두가 약속한 방식으로 행동하도록 한다. 자신이 존중받기를 원하는 만큼 다른 사람들도 존중하여야 하므로, 자신을 낮추는 공손함과 배려가 필요하다.

② **인사의 의미**

인사는 상대방을 존중하는 의미이며, 만남의 첫걸음이자 상대방에 대한 마음의 표현이다. 또한, 인간관계의 기본이며, 시작과 끝이라 할 수 있다. 인사는 상대를 존중하는 마음과 호감을 드러내는 표시이므로 상대방의 인사를 기다리기보다 자신이 먼저 인사를 하는 것이 좋다.

③ **명함 매너**

사회생활을 하다 보면 다른 사람들과의 만남을 통해 자신의 인맥을 형성하게 된다. 사람을 소개하거나 소개받을 때, 타인이 다른 사람에게 나를 소개할 때 모두 일어서서 소개하고, 소개받도록 한다. 사람을 소개하는 순서는 지위가 낮은 사람을 지위가 높은 사람에게 소개하도록 한다. 소개를 받으며 명함을 건넬 때는 반드시 일어서서 오른손으로 들고, 상대방이 바로 읽어볼 수 있도록 명함을 돌려 건넨다.

본인의 이름을 밝히면서 명함의 오른쪽 끝을 오른손 엄지와 검지로 잡고 왼손으로 가볍게 받쳐 인사말과 함께 가슴 높이로 건넨다. 명함을 받을 때도 일어서서 두 손으로 받으며, 상대방의 명함은 그 자리에서 바로 확인한다.

④ **전화 매너**

요즘에는 직접적인 회의와 미팅보다 효율성이 높은 전화나 이메일을 통한 업무 협조가 많이 이루어진다. 전화를 걸 때는 상대방과의 관계를 고려하여 가족이나 친구 등 친분이 있는 사이가 아니라면 긴급한 용건을 제외하고 점심시간, 이른 오전과 늦은 밤에는 전화를 삼가야 한다. 전화를 걸 때는 밝은 목소리로 인사한 후 본인의 소속과 이름을 밝힌다. 이후 본인이 통화할 상대방인지 확인하고, 상대방이 아닌 경우 통화 연결을 요청하며, 상대방이 직접 받은 경우는 바로 용건을 이야기한다.

회사 전화를 받을 때는 밝은 목소리로 정중하게 인사말과 함께 자신의 소속 부서와 이름을 밝힌다. 전화를 바꿔주거나 연결할 때는 전화한 사람이 누구인지와 어떤 내용으로 전화하였는지의 내용을 간단히 알린 후 연결한다.

⑤ **존칭 사용**

상대방에게 존칭을 사용할 때는 상사의 성(姓)과 직급 뒤에 '님'의 존칭을 붙인다. 성명을 알지 못하는 경우 직위에 '님'의 존칭을 붙이고, 직함이 없을 때는 성 뒤에 선배님의 존칭을 붙여서 부르도록 한다. 하급자나 동급자에게는 성과 직급을 붙여 사용하고, 초면이거나 연장자의 경우, 직급을 모르겠을 때는 이름에 '님'을 붙인다. 요즘 서비스직 종사원들이 공손함을 표현하기 위해 문법에 맞지 않는 불필요한 사물 존칭을 사용하는 경우가 많은데, 이는 잘못된 표현으로 존칭은 사물이 아닌 나보다 높은 '사람'에게 붙이는 것이다.

⑥ **용어정리**

비즈니스 매너	• 비즈니스 매너는 업무시간과 공간에서 지켜야 할 최소한의 예의로, 본인 자신을 위한 것일 뿐 아니라 조직 구성원 개개인이 바람직한 태도와 행동으로 업무에 임하여 올바른 기업문화를 조성하는데 기여하는 것이다.
직장 매너	• 원활한 업무환경을 만들기 위해 서로 간에 예의를 갖추고, 정직하고 성실한 태도로 다른 사람들에게 피해를 주지 않도록 자신의 업무에 맡은 책임을 다하는 것이다. • 또한, 직장의 규칙과 규범 준수 및 사내 문화 존중을 통해 모두가 약속한 방식으로 행동하여 부정과 비위를 지양한다.
공수법	• 인사나 절을 하거나, 공손함을 표할 때 두 손을 가지런히 모으는 것이다. • 두 손을 가지런히 포개어 정면에서 엄지가 보이지 않도록 하며 손날은 가볍게 편다. • 여성은 오른손이 위로 가게 손을 가지런히 포개고, 남성은 왼손이 위로 가도록 한다. • 장례식 등 흉사(凶事)에서는 반대로 여성은 왼손이 위로, 남성은 오른손이 위에 가도록 한다.
인사	• 인사는 상대방을 존중하는 의미이며, 상대방에 대한 호감의 표현으로 인간관계의 기본이며, 시작과 끝이라 할 수 있다. • 인사를 할 때는 자세를 바르게 하고, 상대를 향해 서서 상대의 눈을 보며 인사말을 하며 상체를 정중히 굽힌다. • 인사의 종류에는 목례, 보통례, 정중례가 있는데, 상대나 상황에 맞는 인사가 필요하다.
네티켓	• 네티켓은 네트워크(Network)와 에티켓(Etiquette)의 합성어로, 온라인에서 지켜야 할 예의범절이다. • 최근에는 인터넷을 이용한 각종 통신기술의 발달로 온라인으로 업무를 진행하는 경우가 많아 네티켓의 중요성이 강조되고 있다. • 업무용 이메일을 쓸 때는 특히 맞춤법과 단어 사용에 주의를 기울이며 업무 내용만 작성하여 보내지 말고 처음에는 가벼운 인사말을, 마무리 역시 끝맺음의 인사말로 마무리한다. • 수신한 메일은 반드시 답을 주어, 자신이 해당 업무나 스케줄에 대해 인지하고 있음을 상대에게 알려야 한다.
호칭	• 호칭은 이름을 지어서 사람을 부르는 것으로, 우리나라에서는 나이나 직급, 성별, 직종 등에 따라 호칭이 달라진다.
경어	• 사람을 높여서 이르는 말로, 상대에 대한 존경과 존중의 마음을 언어로 나타내는 것이다. • 경어는 높임말, 또는 존댓말이라고도 하며 자신보다 나이가 많거나 지위가 높은 사람에게 존경과 존중을 담아 사용한다.

1 이미지 개념 및 특징

1 이미지의 개념

① 개인이 마음속으로 가지는 기억, 감각적 심상, 형상 등의 총체이다.

② 이미지의 어원은 라틴어 'imago'에서 유래되었으며, '모방'의 의미를 가지고 있다.

③ 이미지는 개인이 느끼는 시각적, 청각, 감각 등 모두를 포함하고 있다.

④ 이미지는 크게 외적 이미지(appearance)와 내적 이미지(personality) 2가지로 나눌 수 있다.

2 이미지 특징

① 이미지는 개인의 지각과 감정 등의 요소가 종합적으로 나타나는 현상으로 객관적이기보다 주관적인 특징이 강하다.

② 이미지는 개인의 판단에서 이루어지는 것으로 직접적인 경험을 하지 않아도 얼마든지 형성된다.

③ 이미지는 현실적으로 나타나기보다는 무형적인 요소가 강하다.

④ 이미지는 시각적 요소 외에도 내면의 감각적인 요소로도 나타난다.

⑤ 이미지는 개인의 경험이나 학습을 통해서 얼마든지 변화될 수 있다.

⑥ 현재는 개인적인 이미지와 사회적인 이미지가 중요하게 취급되고 있다.

잠깐! 알아두기

이미지 특징 3가지

주관적	이미지는 개인의 지각과 감정 요소이므로 주관적이다.
무형적	이미지는 현실로 나타나는 것이 아니라 형태가 없는 것으로서 무형적 특징을 가지고 있다.
감각적	이미지는 시각적 요소 이외에도 무수한 감각에 의한 것도 포함된다.

2 ○ 이미지 분류

1 내적 이미지(Internal image)

① 인간의 내면에 가지고 있는 마음가짐이다.
② 심리적, 정신적, 감성적인 특성이 있다.
③ 개인의 생각, 마음가짐, 사고, 습관, 욕구, 감성, 인성, 인품 등의 결합체이다.

2 외적 이미지(External image)

① 내면의 본질이 표면적으로 외부로 표출되어 나타나는 현상적 이미지이다.
② 용모, 복장, 얼굴의 표정, 음성, 체형, 자세 등을 통해서 나타난다.
③ 직접적인 경험을 통하여 구체적으로 형상화되어 외적으로 나타나는 이미지이다.
④ 외적 이미지는 시각적, 청각적, 후각적 이미지 등이 있다.

3 교류 이미지(Relational image)

① 대인 간의 상호 교류를 통하여 나타나는 이미지이다.
② 상대적 교류를 통해 형성되는 이미지로 자신이 소속된 사회나 문화 등을 통하여 반영되는 이미지이다.
③ 매너, 에티켓, 호감도, 신뢰감, 사회적인 교류 등으로 나타난다.

3 ○ 이미지 관리 및 구성요소

1 이미지 관리

이미지 관리는 1단계 : 이미지 체크 → 2단계 : 이미지 컨셉 만들기 → 3단계 : 좋은 이미지 찾기 → 4단계 : 이미지 내면화시키기이다.

(1) 1단계 이미지 체크

자신의 이미지에 관하여 체크를 해 본 후 자신의 장점과 단점을 찾아본다.

(2) 2단계 이미지 컨셉 만들기

자신의 장점과 단점을 정확히 이해한 후 자신이 희망하는 이미지 컨셉을 만들어 본다.

(3) 3단계 좋은 이미지 찾기

자신의 이미지 컨셉이 정해졌으면 자신의 장점은 외면화하고 단점은 보완하여 좋은 이미지로 만든다.

(4) 4단계 이미지 내면화시키기

좋은 이미지 형성이 완료되었으면 내적으로 정착될 수 있도록 끊임없이 연습한다.

잠깐! 🔍 알아두기   ○○○

이미지 관리과정

1단계 이미지 체크하기 → 2단계 이미지 컨셉 만들기 → 3단계 좋은 이미지 찾기 → 4단계 이미지 내면화시키기

---

2 이미지 구성요소

이미지의 구성요소로는 크게 3가지로 나눌 수 있는데 시각적인 이미지(태도, 표정, 동작, 손짓 등)는 55%, 청각적인 이미지(어조, 억양 등)는 38%, 언어적인 이미지 요소(말의 중요도, 내용 등)는 단 7%로 정도이다. 그러므로 보이는 시각적인 이미지와 청각적인 이미지 요소의 강화를 위해서 노력해야 한다.

쉬어가기

1 ⟳ 이미지 관리

Q1 자신의 성격(내적 이미지) 장점과 단점을 적어본다.

장점	단점
·	·
·	·
·	·
·	·

Q2 자신의 모습(외적 이미지)에서 단점을 파악하고 보완하는 방법을 알아본다.

단점	단점 보완을 위한 방법
·	·
·	·
·	·
·	·

Q3 자신에게 맞는 컨셉을 정하여 내면화한다.

좋은 컨셉	컨셉 내면화
·	·
·	·
·	·
·	·

Q4 나의 이미지 전략을 수립해 본다.

좋은 이미지로 탈바꿈 작업	반복 연습
·	·
·	·
·	·
·	·

1 ◐ 이미지 메이킹의 개념 및 효과

■ 이미지 메이킹의 개념

① 이미지 메이킹이란 자신이 추구하는 목표를 달성하기 위하여 자신의 이미지를 최상으로 관리하는 것이다.

② 내적 이미지와 외적 이미지를 통합적으로 관리하여 자신뿐만 아니라 상대방에게도 호감을 줄 수 있도록 이미지를 만드는 것이다.

③ 이미지 메이킹은 자신의 장점을 훌륭하게 살리고 단점을 계속해서 보완하고 극복하여 대인관계에 있어서 우위를 점할 수 있게 만드는 것이다.

④ 이미지 메이킹은 주관적인 자신의 이미지를 훌륭하게 만들어 객관적인 이미지로 변화시키는 과정이다.

⑤ 이미지 메이킹을 통하여 자아 존중감을 향상시키며 지속적인 노력으로 대인관계 능력도 향상시킨다.

② 이미지 메이킹의 효과

자아 존중의 극대화 효과	보이는 이미지와 청각, 시각적 이미지를 관리하여 자신의 이미지를 최상으로 관리하면 자아 존중의 효과가 극대화하는 효과를 얻을 수 있다.
대인관계 향상 효과	내적 이미지와 외적 이미지를 통합적으로 잘 관리하면 대인관계에 있어서 우위를 점할 수 있고 이미지 상승의 효과를 얻을 수 있다.
객관적인 이미지로의 변화	이미지 메이킹을 극대화하여 주관적인 자신의 이미지를 객관적인 이미지로 전환할 수 있다.

2 ◐ 이미지 메이킹의 기법

■ 자신의 장·단점 정확히 파악하기

① 최상의 이미지 메이킹을 만들기 위해서는 첫째로 자신의 장점과 단점을 정확히 파악하는 것이 중요하다.

② 자신의 장점은 최대한 부각시키고 단점은 고치려고 노력하는 것이다. 이를 통해 이미지 형성이라는 목표를 정하여 순서대로 계획하고 실천해 나감으로써 타인을 향한 좋은 이미지를 모방하거나 개성을 살려 시각적 이미지 메이킹을 극대화한다.

2 자신의 롤모델 선정하기

① 자신의 부족한 부분을 적어보고 부족한 부분을 극복할 수 있는 롤모델을 선정해 보는 것이다.

② 롤모델이 선정 되었으면 내면화할 수 있도록 반복해서 연습하고 행동해 보는 것이다.

③ 자신의 롤모델은 자신의 이미지 메이킹의 목표를 수립하는 최선의 방법으로, 자신의 모델을 선정하는 것은 목표를 수립해 가는 구체적인 방안이며 이미지 메이킹의 중요한 요소이기도 하다.

④ 롤모델의 이미지 형성을 통하여 궁극적으로 자신만의 특성을 살릴 수 있게 되는 것이다.

3 자신만의 개성 만들기

① 자신만이 가지고 있는 장점과 개성을 더욱더 표출하는 연습을 한다. 이를 통하여 상대방에게 긍정적인 모습으로 비치게 되면 대인관계에서 우위를 점할 수 있을 것이다.

② 자신만이 가진 장점을 잘 파악하여 상대방으로 하여금 긍정적인 관계를 형성할 수 있도록 해야 한다.

③ 이미지 메이킹을 통하여 능동적인 사고로의 전환도 가능할 수 있도록 끊임없이 노력하고 강점이 될 수 있도록 보완해 나가는 것이 중요하다. 따라서 자신의 긍정적인 개성을 강화하고, 단점을 과감히 없애는 노력을 해야 할 것이다.

4 자신을 상품화하기

① 대인관계에서 긍정적인 자신만의 개성을 개발하였다면 다음으로 예쁘게 포장하여 상품화하는 것이다.

② 차별화된 상품으로 포장하여 어떤 상황에서도 자신의 이미지가 최상의 제품이 되도록 하는 것이 중요하다.

③ 단정한 외모와 복장, 품위 있는 말솜씨, 능숙한 대인관계 등으로 상품화하여 상대에 맞는 높은 평가를 받을 수 있도록 브랜드화시키는 것이다.

5 자신을 브랜드화시켜 판매하기

① 브랜드화된 자신을 잘 포장하고 상품화하였다면 이젠 자신을 팔아야 한다. 자신을 팔기 위해서는 대인관계에서 자신의 가치를 높이고 높은 평가를 받을 수 있도록 통합적

으로 관리를 한다.

② 단순한 상품의 판매가 아니라 고급화된 브랜드로 전환하는 데 노력을 기울어야 한다.

③ 상대방이 높은 가격으로 지불하여 살 수 있도록 프로의식을 갖고 자신을 단련시키는데 게을리해서는 안 된다.

잠깐! 알아두기 ○○○

이미지 메이킹 기법

1. 자신의 장·단점 파악   2. 롤모델 선정   3. 개성표출
4. 상품화   5. 브랜드 전환

1 면접 이미지의 개념

1 면접 이미지

① 인성·적성검사, 서류전형, 필기시험 등을 거치고 난 후 부서 면접이나 최종 임원면접을 칭한다.
② 최종적으로 지원자의 시각적, 청각적, 언어적 이미지 등를 판단한다.
③ 지원자의 인격, 표현력, 창의력 등을 종합적으로 판단한다.
④ 지원자의 업무의 적합도, 실무능력, 잠재적인 역량 등을 점검하고 최종 점수를 부여한다.
⑤ 최근에는 국가직무능력표준(NCS)에 부합한 인재 선발, 블라인드 채용 등을 통하여 다양한 면접방식을 취한다.

[채용 절차]

❶ 인성·적성검사	❷ 서류심사	❸ 면접	❹ 최종 합격
인성·적성검사 진로 적성검사 등 시행	프로필 자기소개서, 교육, 경력 사항, 경험 사항, 자격 사항 등 평가	전문성을 평가하는 부서 면접 또는 기본 인품을 평가하는 임원면접 시행	결격사유가 없고 검증단계에서 기준에 적합한 인원을 채용

2 용모 및 복장

1 용모 및 복장의 중요성

대인관계에 있어서 상대방을 처음 접할 때 가장 먼저 그 사람의 외형적인 모습을 접하게 된다. 내면적인 모습보다 겉으로 드러나는 모습에 먼저 눈길이 가게 되는 것이다. 이는 언어적 표현이나 말의 내용보다는 겉으로 보이는 용모나 복장 등이 더 중요하다는 것이다.

(1) 용모

① 용모는 타고나지만 이미지 메이킹으로 충분히 개선할 수 있는데 환한 미소, 밝은 표정, 단정한 옷차림 등으로 충분히 상대에게 호감 가는 인상으로 바꿀 수 있다.

② 아침에 일어나 마인드 컨트롤로 하루를 긍정적으로 시작하거나, 출근하기 전 자신의 용모를 점검하여 상황에 맞게 연출하는 습관을 기르는 것도 매우 중요하다.

(2) 복장

① 원래 기본적으로 복장은 체온을 유지, 갑작스러운 위험이나 사고에 대비하고 보호하는 역할이 강하였다.

② 현대사회에서 복장은 면접과 비즈니스에서 상대방에 관한 호의와 예의의 표현으로 아주 중요한 역할을 하고 있다.

② 복장 T.P.O

① 상황에 맞게 용모와 복장을 갖추는 것은 첫 만남을 호의적인 관계로 바꾸기 위한 필수 불가결한 요소이다. 그러므로 T(Time), P(Place), O(Occasion)에 적당한 복장 선택이 매우 중요하다.

② 용모와 복장의 지속적인 점검을 통해 자기관리를 하며 철저하게 프로다운 이미지 연출을 할 수 있도록 노력하는 것도 중요한 요소이다.

[남,여 복장 예시]

❸ 용모 및 복장의 효과

① 용모나 복장은 자신의 개성을 잘 나타내도록 해야만 첫인상이 좋아진다.

② 단정한 용모와 복장은 신뢰감 형성과 업무에 중요한 영향을 미친다.

③ 새로운 기분전환의 기회가 될 수 있다.

④ 자신의 인격과 회사의 이미지를 높일 수 있다.

⑤ 업무에 맞게 용모와 복장을 갖춘다면 일의 능률을 향상시킬 수 있다.

❹ 용모 복장 외 면접 시 유의사항

① 면접 전날 준비를 한 후 충분한 수면을 취한다.

② 면접 날은 절대 지각하지 않도록 충분한 시간을 두고 준비한다.

③ 면접장에는 20~30분 정도 일찍 도착하여 최종 면접 준비를 한다.

④ 대기실에서부터 이미 면접은 시작되고 있으니 용모나 언행에 주의한다.

⑤ 일반적인 질문사항을 사전에 점검하고 연습해 본다.

⑥ 면접장에 들어갈 때 이미 합격 여부가 판단된다고 생각하고 인사 등에 주의한다.

⑦ 면접에 임할 때는 자신감 있는 목소리로 또렷하게 말한다.

⑧ 우선 면접담당자의 질문에 경청하고 시선을 피하지 않는다.

⑨ 답변은 추상적인 것은 피하고 정확한 내용을 답한다.

⑩ 면접관의 질문을 중간에 가로막거나 논쟁은 피한다.

⑪ 자신이 있는 답변이라도 잠시 여유를 두고 답한다.

쉬어가기

1 남성 용모와 복장 체크리스트

항목		체크사항
1	전체 조화 여부	
2	머리 청결 여부	
3	앞머리 정리	
4	피부 청결 여부	
5	면도는 깔끔하게 되었나?	
6	치아 확인	
7	코털 확인	
8	손톱 정리	
9	양복과 셔츠의 정리	
10	넥타이 착용	
11	양말 색상	
12	벨트 착용	
13	구두 청결 여부	

2 여성 용모와 복장 체크리스트

항목		체크사항
1	전체 조화	
2	머리 청결 여부	
3	앞머리와 옆머리 정리 여부	
4	머리카락 색	
5	피부와 옷의 조화	
6	치아	
7	색조 화장 조화 여부	
8	복장	
9	상의와 하의의 구김 여부	
10	바지나 스커트 길이 여부	
11	스타킹 색상 조화	
12	손톱 청결 여부	
13	구두 높이	

본인이 간절히 원하는 업체에 본인의 모든 것을 어필하고 그 업체로 취업을 하는 것이 목표이다. 그러므로 면접을 위해 준비를 철저히 하는 것은 면접의 기본이라고 할 수 있다. 특히 서비스 부분의 취업을 위해서라면 고객 접점의 서비스를 위한 단정한 복장은 매우 중요하다. 남성의 면접 복장은 그 사람의 품격과 연결되므로 체형과 피부색에 맞게 선택해야 한다.

1 남성 수트(정장,Suit)

수트(정장, Suit)란 '세트' '갖춤'의 의미이며 정장을 말하는데 상의와 하의 모두 갖춘 옷을 가리키며 체형에 맞게 색상과 옷감을 선택하는 것이 중요하다.

[남성의 정장]

(1) 체형에 따른 남성 수트(정장)

① 키가 작은 사람은 밝은 색상과 줄무늬 패턴의 정장이 어울린다.
② 약간 뚱뚱한 사람은 체크무늬의 옷보다 단색의 옷이 어울린다.

(2) 기본적인 남성 수트(정장) 요건

① 상의 재킷은 엉덩이 부분을 살짝 덮는 정도로 하며 너무 길면 조화로워 보이지 않을 수 있다.
② 정장의 단추는 투 버튼 재킷은 위의 단추, 쓰리 버튼 재킷은 위 2개나 가운데를 채운다.
③ 수트(정장) 차림일 경우에는 소지품은 상의 주머니에 넣지 않는 것이 좋다.

④ 바지는 무릎이 튀어나와 있다든지 구겨진 곳은 없는지 항상 주의해야 하고 벨트는 해야 한다.

⑤ 바지 길이는 요즘은 길게 하지 않고 구두선 끝을 중심으로 바짓단이 내려오도록 한다. 구두 뒷굽 윗부분에 오도록 맞추면 훨씬 더 단정해 보인다.

> **잠깐! 알아두기** ○○○
>
> 요즘은 서비스업체에서도 편한 복장으로 오라는 말을 듣게 되는데 그때도 너무 캐쥬얼한 복장이나 운동화 착용 등은 피하는 것이 좋고 다른 사람과의 형평성을 고려해야 하며 다른 면접자와 너무 어울리지 않을 수 있으니 주의하는 것이 좋다.

(3) 색상에 따른 수트(정장) 특징

1) 청색 계열 수트(정장)

① 남성 수트(정장)에서 가장 기본적인 색상이다.

② 다소 차가운 느낌으로 보일 수는 있으나 비즈니스맨의 기본으로 깔끔하고 활동적인 느낌이다.

2) 회색 계열 수트(정장)

① 회색도 남성 수트(정장)의 가장 기본적인 색상이다.

② 회색 계열 수트(정장)는 침착해 보이고 차분한 느낌의 수트이다.

3) 검정 계열 수트(정장)

① 한국인들이 가장 많이 입는 정장이다. 예의 바르게 보이고 정중하게 보이기는 하나 약간 무거운 느낌이 드는 색이다.

② 검정 수트(정장)를 입을 때 타이와 셔츠를 밝은색으로 코디하는 것이 좋다.

③ 조문할 때에는 넥타이도 검은색으로 갖추는 것도 잊지 말아야 한다.

> **잠깐! 알아두기** ○○○
>
> **수트(정장) 색상계열의 특징**
>
> | | |
> |---|---|
> | 청색 계열 | 기본 색상, 차가운 인상, 깔끔하며 생동감 |
> | 회색 계열 | 기본 색상, 차분함, 지적 이미지 연출 |
> | 검정 계열 | 정중, 성실, 경조사 시에는 반드시 지켜야 함 |

2 드레스 셔츠(Shrits)

① 흰색과 옅은 셔츠가 가장 무난하지만 최근 MZ세대를 중심으로 화려한 셔츠를 자주 볼 수 있다. 하지만 수트(정장)와 셔츠의 색감을 잘 맞추어서 수트(정장)에 어울리지 않는

셔츠는 면접 시 피하는 것이 좋다.

② 셔츠를 입을 때는 속옷을 입지 않는 것이 기본이기는 하지만 여름에는 얇은 셔츠로 속이 비칠 수 있으므로 속옷을 입어도 무방하다.

③ 단추는 끝까지 채우는 것이 좋고, 셔츠의 팔 길이는 수트(정장) 소매 밖으로 1~2cm 정도 나오도록 입는 것이 무방하다.

④ 셔츠의 어깨선이 너무 크다든지 길이가 너무 길거나 짧지 않도록 항상 주의한다.

⑤ 드레스 셔츠는 긴소매가 기본이고, 반소매는 될 수 있으면 피하도록 한다.

3 타이(Tie)

① 평상시의 타이는 여러 스타일과 색상을 즐겨하는 사람들도 있는데 요즘의 트랜드는 색감이 화려한 쪽이 많은 편이다.

② 면접 때는 화려한 문양의 타이보다는 차분함과 침착함을 보여 줄 수 있는 심플하면서도 약간 어두운 계열이 적당하다.

③ 타이의 길이는 버클을 반쯤 덮는 정도가 적당하며 안쪽 타이는 바깥쪽 타이의 길이보다 짧아야 한다.

④ 추운 겨울에는 가디건이나 조끼 밑으로 타이가 나오지 않도록 유의한다.

⑤ 타이의 색은 수트(정장)와 너무 대비 되거나 화려한 것은 면접 때는 피하는 것이 좋다.

4 벨트(Belt)

① 벨트는 수트(정장)와 같은 계열의 색상이나 구두 색상과 어울리는 색이 좋다.

② 너무 화려한 벨트 색상은 거부감을 줄 수 있어서 무난한 벨트를 선택한다.

③ 면접 시 가장 무난한 벨트는 검정 계열이 좋다.

5 헤어스타일(Hair-style)

(1) 헤어스타일의 종류

① 최근에는 헤어스타일이 매우 다양해지고 자유로운 느낌이 강하다. 하지만 면접 때의 기본 헤어스타일은 깔끔하고 단정해야 한다.

② 세미 포마드 스타일, 리젠트 컷 스타일이 무난하다.

| 리젠트 컷 | 포마드 |

(2) 헤어스타일의 특징

① 앞머리는 스프레이 등으로 정리해서 이마를 가리지 않도록 정리한다.

② 염색이나 탈색 등을 피하는 것이 좋다.

③ 머리 길이는 귀를 덮지 않도록 하고 셔츠 깃에도 닿지 않도록 한다.

④ 서비스 계통의 면접 때는 2:8로 가르마를 하고 헤어 제품으로 마무리하여 흘러내리지 않도록 한다.

6 구두

① 구두의 기본은 잘 닦는 것이다.

② 너무 낡은 구두는 신지 않는 것이 좋다.

③ 색상은 수트(정장)와의 조화를 위하여 너무 화려한 색상은 신지 않는다.

④ 구두의 뒤축이 닳은 것은 피한다.

⑤ 두 켤레 정도를 준비하여 번갈아 가며 신는 것이 오래 간다.

⑥ 구두는 단화(로퍼)와 옥스퍼드로 대별할 수 있는데 단화(로퍼)는 캐주얼하게 보일 수 있으므로 끈이 있는 정장 구두를 신는다.

⑦ 색상은 수트(정장)와의 조화를 기본으로 하고 검정이나 약간 어두운 색상으로 신는다.

7 양말

① 면접 시 구두와 함께 남성의 양말도 중요한 포인트이다.

② 수트(정장)의 색보다 약간 어두운 색깔이 기본이다.

③ 양말의 목이 지나치게 짧은 것은 신지 않는다.

④ 양말이 닳지 않았는지 확인한다.

⑤ 수트(정장) 차림의 면접 복장에서는 흰색 양말은 신지 않는 것이 좋다.

단정하고 깔끔한 복장은 그 사람의 인품이나 됨됨이를 판단하는 데 가장 중요한 요소 중의 하나이다. 매일 하루를 시작하기 전에 자신의 이미지를 파악하고 점검한다면 프로다운 이미지 형성에 매우 좋은 효과를 볼 수 있다. 면접장에서 여성의 이미지는 남성과 마찬가지로 투피스 차림이 가장 적합하다. 면접 시에는 첫인상이 가장 중요한데 들어가는 모습, 인사하는 모습, 자리에 앉는 모습 등에 특히 신경을 써야 한다.

① 여성 수트(정장, Suit)

여성의 면접 정장으로는 남성과 비슷한데, 수트(정장)는 소재가 같은 한 벌의 정장이 가장 어울린다. 여성의 경우도 남성과 마찬가지로 수트(정장)는 위, 아래 같은 소재의 한 벌 정장을 입는다.

(1) 기본적인 여성 수트(정장) 요건

① 수트는 무늬가 없는 단색 계열을 선택하는 것이 무난하다.
② 검정이나 회색이 일반적이다.
③ 수트(정장)는 너무 꽉 끼는 것보다 조금 여유가 있는 것으로 선택하고 스커트 길이는 너무 길거나 너무 짧은 것은 피한다.

(2) 체형에 따른 여성 수트(정장)

① 키가 작은 사람이 너무 긴 스커트를 입으면 더 작게 보일 수 있다.
② 키가 큰 사람이 너무 짧은 스커트를 입으면 더 어색하게 보일 수 있으므로 타이트스커트 정도로 입는 것이 좋다.

(3) 기본적인 투피스와 바지 요건

① 투피스 차림에서 아래가 스커트인 경우에는 스타킹 색에 주의해야 한다. 스커트와 너무 대비되는 것을 신기보다는 자신의 피부색과 스커트 색을 고려하여 한 톤 어두운 색으로 선택하는 것이 좋으며, 튀는 큰 무늬가 들어간 것을 피한다.
② 바지는 스커트보다 체형을 커버 하기에 유리한데, 정장 차림일 경우에는 바지 길이가 너무 길거나 짧지 않도록 주의해야 하며 바지통도 너무 넓은 것은 입지 않는 것이 좋다. 키가 약간 작은 경우에는 하이웨이스트형 바지가 적당하며 하체가 통통한 경우에는 바지는 약간 넓은 것이 좋다.

(4) 여성 스커트 종류

① 타이트스커트는 가장 기본적인 스타일이다.

② 플레어스커트는 키가 작은 사람이 입으면 더욱 작게 보일 수 있다.

③ 살이 찐 사람은 주름이 들어간 플리츠 스커트를 입으면 더 살이 찐 것처럼 보일 수 있으므로 피하는 것이 좋다.

타이트(Tight) 스커트	플레어(Flare) 스커트	플리츠(Pleats) 스커트

잠깐! 🔍 알아두기

스커트 종류

타이트(Tight) 스커트	기본 정장 스커트
플레어(Flare) 스커트	폭 넓은 스커트
플리츠(Pleats) 스커트	주름이 들어간 스커트

2 블라우스

블라우스도 역시 정장의 색과 조화를 이루어서 입어야 하는데 얼굴의 톤과 너무 대비되는 색상은 피하는 것이 좋다. 또한 얼굴형에 따라 면접 시 색상을 잘 선택해서 입어야 한다. 기본 블라우스, 라운드 넥이 들어간 블라우스, 브이넥 블라우스, 러플 블라우스 등 다양하다. 기본 옷깃 블라우스가 가장 무난하며 흰색, 네이비 등의 색상이 적당하다.

(1) 기본 옷깃 블라우스

① 면접 시 가장 기본적으로 많이 입는 블라우스이지만 조금 답답한 느낌이 들 수 있으므로 카라가 너무 뾰족하다던가 너무 짧게 되어 있는 것은 피한다.

② 광택이 들어간 블라우스는 면접 시에는 어울리지 않을 수 있다.

(2) 라운드 넥 블라우스

① 라운드 넥 블라우스도 많이 입는 편인데 기본 옷깃 블라우스처럼 정장 안에 갖춰서 입으면 매우 깔끔하게 보인다.

② 얼굴형이 약간 긴 여성에게는 라운드 넥이 어울린다. 또한 단정하게 보이며 기본 옷깃 블라우스보다는 시원스럽게 보이는 장점이 있다. 하지만 공기업이나 약간 보수적인 성향이 있는 회사라면 기본 옷깃 블라우스를 추천한다.

(3) 랩 스타일 블라우스

랩 스타일 블라우스는 기본 옷깃 블라우스보다 세련되게 보이는 장점이 있다. 또한 여성스러운 매력을 강조하고자 할 때에 가장 어울리는 블라우스이다. 패션 계통의 면접이나 뷰티, 미용 등의 면접 때에 적당하다. 또한 얼굴이 너무 둥글거나 각진 얼굴 커버에도 도움이 된다.

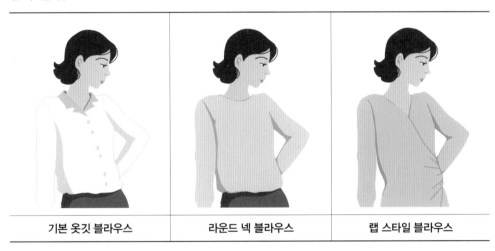

| 기본 옷깃 블라우스 | 라운드 넥 블라우스 | 랩 스타일 블라우스 |

3 구두와 스타킹

(1) 구두

① 구두의 첫 번째 기본은 깨끗하게 닦는 것이다.

② 의상과의 조화를 이루어야 하므로 너무 화려한 색상이나 굽이 너무 높은 것은 피하는 것이 좋다.

③ 색상은 주로 검정이나 밤색 계열이 좋고 굽 높이가 약간 있는 것이 바람직하다.

④ 보통 정장용 구두로 가장 적당한 높이는 5~7cm 정도인데 키가 작다고 해서 너무 높은 구두를 신으면 면접관에게 불안감을 줄 수 있으므로 적당한 굽 높이로 신는다.

⑤ 여름이라도 샌들 종류의 앞부분이 보이는 것은 피하고 발가락과 뒷굽이 보이지 않는 구두로 선택한다.

(2) 스타킹

① 스타킹은 반드시 착용해야 하는데 정장의 색과 구두 색에 맞는 스타킹을 착용한다. 특히 올이 터지지 않았는지 살펴보고 만약을 대비하여 면접 시에는 하나 더 준비해서 간다.
② 기본 색상은 살구색, 브라운, 블랙 등이며, 구두보다 너무 밝은 색이나 어두운 색은 피해서 신는다.
③ 구두의 색상과 비슷한 색으로 맞추게 되면 다리가 날씬해 보이는 효과가 있고 안정감 있게 보인다.

④ 화장과 액세서리

(1) 화장

① 화장은 면접 시에 가장 중요한 요소 중 하나이다.
② 너무 화려한 화장이나 화장기 없는 모습은 오히려 역효과를 줄 수 있다.
③ 색조 화장은 파운데이션 등으로 너무 진하지 않게 가볍게 정리해 준다.
④ 특히 아이섀도나 립스틱 색은 옷 색상과 잘 비교해서 은은한 색상으로 튀지 않게 한다.
⑤ 눈썹이 진한 경우에는 정리하여 말끔하게 수정한다. 눈썹은 첫인상을 결정하는 중요한 요소인데 눈썹이 짝짝이가 되지 않도록 잘 그려야 하며 너무 진하거나 연하지 않도록 적당하게 그린다.
⑥ 단순히 유행하는 눈썹보다는 얼굴형에 맞는 눈썹을 그려야 하며, 아이라인 등으로 처진 인상을 바꿀 수도 있다.
⑦ 아이라인과 볼 터치를 너무 진하지 않게 하는 것이 좋다.
⑧ 면접을 위해 피부 관리도 중요한데 일주일 전부터 뾰루지가 나지 않도록 팩으로 정리해 주고 수분을 유지하기 위하여 세안과 기초화장을 철저히 해준다.

(2) 액세서리

① 액세서리는 너무 큰 것을 하지 않는 것이 좋다.
② 귀걸이는 늘어뜨리는 것은 피하고 무난한 것으로 작용한다.
③ 액세서리는 포인트만 주고 간결한 것으로 한다.

5 헤어스타일

① 면접을 위한 헤어스타일이므로 신뢰감을 높일 수
   있는 것이 중요하다.
② 헤어스타일의 기본은 단정하고 청결한 모습이다.
③ 빗질을 잘하고 비듬 등이 없는지 주의한다.
④ 앞 머리카락이 이마를 덮지 않는 것이 좋고, 단정하
   게 빗어서 뒤로 묶어 주는 것이 깔끔하게 보인다.
⑤ 화려한 색의 염색은 피하는 것이 좋다.

잠깐! 알아두기 ○○○

헤어스타일

• 앞머리는 위로 올리고 눈을 가리지 않는다.
• 머리핀이나 액세서리는 피한다.
• 과한 파마나 튀는 색의 염색은 피한다.
• 헤어제품으로 흘러내리는 머리를 정리한다.
• 긴 머리는 깔끔하게 뒤로 묶는다.

체형별 복장 연출법

키가 작은 체형	• 색상은 중간 톤의 회색이나 브라운 계열의 선이 분명한 줄무늬가 좋으며, 짙은 색상은 피한다. • 목선의 V 존은 깊게 해 키가 커 보이도록 한다.
골격이 큰 체형	• 옷깃과 어깨가 넓은 것을 선택한다. • 밝고 따뜻한 색상은 부풀어 보이므로 짙은 색상이 무난하다.
마른 체형	• 볼륨감을 주어 풍성하고 부드러운 인상을 준다. • 밝은 회색, 갈색 등의 색상이 마른 체형을 보완해 준다.
뚱뚱한 체형	• 날렵한 인상을 풍기도록 어깨선이 직각으로 된 옷을 선택하고 색상은 짙은 감색이나 회색으로 하는 것이 좋다. • 바지는 아래로 내려갈수록 좁아지는 것이 다리를 날씬하게 보여준다.

Chapter 04 상황별 이미지 메이킹

1 보이스 이미지

목소리는 보이는 이미지 요소 중 중요한 요소인데 보이스(Voice) 이미지에 따라서 신뢰감과 호감을 줄 수 있기 때문이다. 타고난 보이스의 질은 바꿀 수는 없지만, 음량이나 음폭, 음색 등은 얼마든지 훈련을 통해서 바꿀 수 있다. 그러므로 보이스 이미지를 바꾸게되면 면접이나 비즈니스상에서 훨씬 우위를 점할 수 있을 것이다. 따라서 꾸준히 발성, 발음, 억양 등을 주의해서 연습한다면 자신감 넘치고 호감가는 이미지로 바꿀 수 있다.

1 음성의 구성요소

(1) 음성의 질

① 타고난 고유의 성질이다.
② 음성이 맑은지 탁한지의 정도이다.
③ 음성의 질은 대부분 타고나지만 'ㄹ'발음의 연습을 통하여 어느 정도는 고칠 수 있다.

(2) 음량

① 음량은 목소리의 크기로 구분하는데 풍부한 발성을 위해서는 크기가 매우 중요하다.
② 음량이 약한 사람은 호흡이나 소리를 크게 내는 연습으로 음량을 풍부하게 바꿀 수 있다.

(3) 음폭

① 음성의 높고 낮음을 의미한다.
② 음역의 정도를 나타낸다.
③ 음폭이 좁은 사람은 파열음(ㅂ, ㅃ, ㅍ, ㄷ, ㄸ, ㄹ, ㄱ, ㄲ, ㅋ 등) 연습을 통하여 개선할 수 있다.

(4) 음색

① 음색은 음성이 듣기 좋은지 나쁜지를 말한다.
② 음색을 듣기 좋게 하려면 끝 문장 처리를 명확히 하는 연습을 한다.

❷ 목소리 특징

① 중저음의 목소리는 신뢰감을 준다.

② 큰 목소리는 활동적으로 보이며 적극적인 자세로 나타난다.

③ 대화 시 다양한 음색을 갖추면 비즈니스에서 매우 효과적이다.

④ 좋은 목소리는 인간관계를 매우 좋게 만들어 준다.

❸ 좋은 목소리 만들기

① 복식호흡을 통하여 꾸준히 관리한다.

② 발성 연습을 한다.

③ 문장을 다양하게 반복해서 큰소리로 읽는다.

④ 좋은 음성을 가지기 위해 음주나 흡연은 삼간다.

2 음성 트레이닝

❶ 음성 트레이닝 기법

(1) 좋은 자세, 좋은 목소리

① 좋은 자세가 좋은 목소리를 만든다.

② 등을 곧게 펴고 앉아서 허리가 일직선이 되도록 하고 배에도 힘을 준다.

③ 허리가 계속해서 펴있으면 아플 수 있으므로 스트레칭으로 풀어주고 어깨 뭉침을 방지한다.

(2) 흉식호흡이 아닌 복식호흡

① 흉식호흡이 아닌 복식호흡을 통해서 단전에 힘을 준다.

② 확신에 찬 목소리를 내려면 비교적 낮은 목소리의 중저음 음량을 연습한다.

③ 한 손은 배 위에 두고 다른 한 손은 가슴 위에 올려서 복식호흡 자세를 취한다.

④ 1분에 10회~15회 정도 천천히 반복한다.

(3) 정확한 발음

① 발음을 정확하게 한다.

② 내용 중 강조할 부분을 크게 발음해본다.

③ 발음할 때 정확하고 또렷하게 발음한다.

④ 강조할 내용, 호소해야 하는 부분 등은 특히 강조하면서 발음한다.

⑤ 볼펜을 입에 물고 발음 연습을 해본다.

⑥ 어려운 단어를 꾸준히 반복하여 발음해 본다.

⑦ 어미를 흐려서 발음하지 않고 정확하게 끝까지 발음하는 연습을 한다.

(4) 음성관리

① 음성을 관리한다.

② 물을 마시거나 목에 좋은 차를 마신다.

③ 흡연과 음주는 좋은 목소리에 방해가 될 수 있으니 삼간다.

④ 충분한 수면을 취한다.

2 발음

(1) 모음 발음 연습

아,에,이,오,우 모음을 정확히 하려면 어떤 근육을 써야 하는지 알아본다.

아

입안을 크게 벌려 주고 완전히 아래로 빼서 달걀을 세로로 세운 모양처럼 입 모양을 만든다.

에

입을 가로로 벌려 주는 모양이며 입가가 미소 짓듯이 위로 향해야 한다.

이

입을 가로로 쭉 찢는 느낌으로 '에'보다 입꼬리에 힘이 더 가해진다.

오

입술을 모아 원을 그린다고 생각하면 된다.

우

오리 입술처럼 입술을 앞으로 쭉 내밀어 주면 된다.

(2) 발음 연습 시 주의사항

① 발음 전 입술을 상하좌우로 움직인다.

② 입술을 가능한 한 크게 벌리면서 발음한다.

③ 아,에,이,오,우를 반복하면서 발음한다.

④ 정확한 발음 연습을 한다.

⑤ 한 번은 강하게, 한 번은 약하게 반복하여 발음한다.

⑥ 처음에는 천천히 정확하게 발음하고, 연습하면서 점차 속도를 빠르게 한다.

잠깐! 알아두기

발음 연습하기

- 저기있는말뚝이말맬만한말말뚝이냐, 말못맬만한말말뚝이냐
- 한양양장점옆한영양장점, 한영양장점옆한양양장점
- 저기저분은박법학박사이고, 여기이분은백법학박사이다.
- 신진가수의 신춘 샹송 쇼
- 서울특별시 특허허가과 허가과장 허과장
- 고려고교복은 고급교복이고 고려고교복은 고급원단을 사용했다.
- 저기 가는 저 상장사가 새 상상장사냐 헌 상상장사냐.
- 칠월 칠일은 평창 친구 친정 칠순 잔칫날
- 저기저뜀틀이띌뜀틀인가내가안띌뜀틀인가

❸ 좋은 목소리를 위한 관리

① 충분한 수면을 취한다.
② 목이 아플 때는 가능하면 말을 하지 않는다.
③ 복식호흡을 한다.
④ 꾸준한 운동을 한다.
⑤ 물을 자주 마시고 찬 음식이나 자극적인 음식은 피한다.
⑥ 술, 담배 등 목소리에 해로운 것은 피한다.
⑦ 야식을 삼간다.

3 컬러 이미지

사람의 고유한 피부색이나 옷차림 컬러는 그 사람의 내면적 이미지뿐만 아니라 외면적 이미지를 판단하는 데 매우 중요한 요소 중 하나이다. 컬러로 인해서 정서적 상태의 변화를 줄 수도 있고, 다양한 자신만의 개성을 살리는 이미지로 변화를 주기도 한다. 또한 컬러는 타인에게 강한 인상을 줄 수도 있고 상황을 강하게 어필하는 힘도 있다. 컬러는 외적 이미지뿐만 아니라 그 사람의 내적 이미지까지 보여준다. 그러므로 컬러 이미지 역할은 사람의 이미지 특징을 잘 나타내 주며 고유의 그 사람의 특징과 감정도 변화시킬 수 있는 강력한 힘을 발휘하기도 한다.

❶ 퍼스널 컬러

(1) 퍼스널 컬러 의미

퍼스널 컬러란 타고난 본인의 이미지를 가장 잘 어울리는 색으로 진단하여 개개인에게 맞는 이미지를 진단하여 최상의 이미지로 만들어 주는 것을 의미한다. 따라서 개인의 이미지, 어울리는 색상, 스타일을 개인의 패션에 적용하는 컬러 진단 프로그램이라고 할 수 있다.

(2) 인간의 3가지 종류 컬러

인간이 태어날 때부터 타고난 컬러는 크게 3가지 종류로 구분한다. 그것은 머리카락, 눈동자, 피부의 색이다. 이러한 3가지 색을 바탕으로 4계절로 구분하여 컬러를 진단한다. 봄, 여름, 가을, 겨울의 4계절로 구분하여 자신에게 어울리는 색깔과 특징을 찾아 주는데, 봄, 가을은 따뜻한 느낌의 웜 톤, 여름, 겨울은 차가운 느낌의 쿨 톤 등으로 구분한다.

(3) 웜 컬러(Warm Color), 쿨 컬러(Cool Color)

① 색은 4계절에 비유하여 따뜻한 색과 차가운 색으로 구분하고 따뜻한 색의 대표적인 색은 노란색이고, 차가운 색의 대표적인 색은 파란색이다.

② 웜 컬러(Warm Color)는 자연색에 가까운 봄, 가을을 대표하는 색상으로 노란색은 따뜻한 톤의 색상이라고 할 수 있다.

③ 이에 반해 쿨 컬러(Cool Color)는 파란색이 대표적으로 여름과 겨울은 시원한 느낌이 들어가는 색상이라고 할 수 있다.

④ 자신에게 어울리는 색상을 선택하고 옷을 맞춰서 입는다면 피부색도 훨씬 밝아 보이는 효과가 있으며 생기있고 아름다움을 연출할 수 있다.

⑤ 어울리지 않는 색상으로 연출된다면 어두워 보일 수 있어서 타인에게도 역효과를 낼 수 있으며 생기마저 없어 보일 수 있다.

[웜 컬러와 쿨 컬러]

	웜 컬러(Warm Color)	쿨 컬러(Cool Color)
피부색	대표적인 색은 노란색, 따뜻한 느낌	대표적인 색은 파란색, 차가운 느낌
머리카락 색	브라운 계열	선명한 블랙
눈동자 색	밝은 빛이 도는 갈색	어두운 흙갈색

2 사계절 컬러 이미지

(1) 봄 타입

① 귀엽고 발랄한 이미지로서 에너지가 넘치는 젊은 이미지를 가진 사람이 많다.

② 액세서리는 화려하지 않고 작은 것이 어울리며 아이보리 계열의 진주나 선명한 색이 어울린다.

특징	피부색이 상아색, 금색이며 밝은 갈색톤을 가진 사람이다.
머리	자연색 염색이나 밝은 자연색, 금빛 도는 오렌지색이 적당하다.
스타킹	구두, 치마, 바지 색깔과 조화시킨다. 갈색톤과 밝은 스타킹 색으로 한다.
구두	노란색이나 황토색 계열로 한다.
보석	보석은 노란색이나 금색, 크림색 구슬 등이 어울린다.

(2) 여름 타입

① 차가운 느낌이 들기는 하지만 분위기는 친근감이 있고 온화한 이
   미지의 사람이 많다.
② 한국 사람은 50% 이상이 여름 타입에 속한다고 할 수 있다.
③ 액세서리는 시원한 여름 이미지를 나타내기 위해서 실버나 크리스
   털 계열로 한다.

특징	검은색 머리, 약간 창백한 피부가 특징이다.
머리	밝은 회색이 적당하다.
스타킹	밤색 계열이 피부색과 조화가 잘 된다.
구두	회색, 회청색, 청색이 어울린다.
보석	보석은 은, 청색, 회색 등이 어울린다.

(3) 가을 타입

① 부드러운 이미지와 차분한 이미지의 사람들이 많다. 부드러운 이
   미지로 편안함을 지닌다.
② 액세서리는 자연스러운 금이 어울리나 실버계열은 피한다.

특징	갈색톤의 머리, 짙은 갈색 피부를 가진 것이 특징이다.
머리	물들이지 않고 자연스러운 것이 어울린다.
스타킹	계피색, 밤색 스타킹이 어울린다.
구두	구두색, 밤색 계통으로 한다.
보석	금색, 노란색, 상아색 등이 어울린다.

(4) 겨울 타입

① 차가운 도시적인 이미지이고 매우 세련된 느낌이 강한 사람이 많다.
② 액세서리는 광택이 있는 것이 잘 어울리고 모던하고 심플한 것도
   어울린다.

특징	숱이 많은 것이 특징이고 검은색 머리와 피부와 눈동자는 약간 검거나 흙색을 띠고 있는 것이 특징이다.
머리	자연스럽게 둔다.
스타킹	검은색, 흰색, 청색 등이 어울린다.
구두	검은색, 회색, 청색 등 스타킹과 조화로운 색이 좋다.
보석	백금, 은색. 회색 톤이 어울린다.

❸ 컬러 진단

(1) 색종이 테스트

① 금색과 은색 색종이 위에 손을 올린다.

② 손등, 손바닥을 대보고 어느 쪽이 더 밝고 화사하게 보이는지 확인한다.

③ 금색이 어울리면 따뜻한 타입이고 은색이 어울리면 차가운 타입이다.

(2) 진단 천 테스트

① 단색의 스카프나 흰색 천 등을 사용한다.

② 여러 번 반복해서 컬러를 비교해 보고 자신에게 어울리는 컬러를 확인한다.

③ 자신의 피부에 잘 어울리는 색은 화사하게 보이며 밝게 보인다.

④ 자신의 피부톤에 어울리지 않으면 칙칙해 보이며 인상이 어둡게 보일 수 있다.

쉬어가기

1 ○ 나의 피부톤 찾기

다음 문항을 읽고 체크해 주세요. A 유형에 해당하는 사항이 많으면 웜 톤 B 유형에 해당하는 사항이 많으면 쿨 톤에 해당한다.

A 유형		
1	햇볕에 잘 탄다.	☐
2	금색이 잘 어울린다.	☐
3	아이보리색이나 베이지색 티셔츠가 잘 어울린다.	☐
4	머리카락 색이 브라운색에 가깝다.	☐
5	피부는 노란색에 가깝다.	☐
총 합계		

B 유형		
1	햇볕에 오래 있으면 빨개진다.	☐
2	은색 액세서리가 잘 어울린다.	☐
3	핑크 계열 립스틱이 더 잘 어울린다.	☐
4	흰색 계열의 티셔츠나 블라우스가 잘 어울린다.	☐
5	머리카락 색이 블랙에 가깝다.	☐
6	피부는 붉은색이 많이 보이는 편이다.	☐
총 합계		

핵심 포인트

① 이미지

이미지 특징	• 주관적, 무형적, 감각적	
이미지 분류	• 내적 이미지, 외적 이미지, 교류 이미지	
이미지 관리과정	• 1단계 이미지 체크하기 • 3단계 좋은 이미지 찾기	• 2단계 이미지 컨셉 만들기 • 4단계 이미지 내면화시키기
이미지 구성요소	• 시각적 이미지 55%, 청각적 이미지 38%, 언어적 이미지 7%	
이미지 메이킹 효과	• 자아 존중의 극대화 효과 • 객관적인 이미지로의 변화	• 대인관계 향상 효과
이미지 메이킹 기법	• 자신의 장·단점 정확히 파악하기 • 자신만의 개성 만들기 • 자신을 브랜드화시켜 판매하기	• 자신의 롤 모델 정하기 • 자신을 상품화하기

② 면접

면접 복장은 T(Time), P(Place), O(Occasion)에 적당한 복장 선택이 매우 중요하다.

(1) 남성 면접 복장 수트(정장)

청색 계열	기본 색상, 차가운 인상, 깔끔하며 생동감
회색 계열	기본 색상, 차분함, 지적 이미지 연출
검정 계열	정중, 성실, 경조사 시에는 반드시 지켜야 함

(2) 여성의 체형별 복장 연출법

키가 작은 체형	• 색상은 중간 톤의 회색이나 브라운 계열의 선이 분명한 줄무늬가 좋으며, 짙은 색 상은 피한다. • 목선의 V 존은 깊게 해 키가 커 보이도록 한다.
골격이 큰 체형	• 옷깃과 어깨가 넓은 것을 선택한다. • 밝고 따뜻한 색상은 부풀어 보이므로 짙은 색상이 무난하다.
마른 체형	• 볼륨감을 주어 풍성하고 부드러운 인상을 준다. • 밝은 회색, 갈색 등의 색상이 마른 체형을 보완해 준다.
뚱뚱한 체형	• 날렵한 인상을 풍기도록 어깨선이 직각으로 된 옷을 선택하고 색상은 짙은 감색이 나 회색으로 하는 것이 좋다. • 바지는 아래로 내려갈수록 좁아지는 것이 다리를 날씬하게 보여준다.

③ 보이스 및 퍼스널 컬러

보이스 구성요소	음성의 질, 음량, 음폭, 음색
좋은 목소리 만들기	복식호흡, 발성 연습, 반복 연습, 음주·흡연 삼가
퍼스널 컬러	퍼스널 컬러란 타고난 본인의 이미지를 가장 잘 어울리는 색으로 진단하여 개개인에 게 맞는 이미지를 진단하여 최상의 이미지로 만들어 주는 것

커뮤니케이션 스킬

커뮤니케이션 스킬

1 🔗 커뮤니케이션

우리는 학교, 직장, 이웃 및 새로운 사람들과의 만남의 연속에서 원만한 소통으로 좋은 인간관계를 형성하고 나의 능력을 인정받고 싶어 한다. 그런데 커뮤니케이션 능력이 부족하면 내가 가지고 있는 열정과 진정성이 아무리 커도 제대로 된 평가를 받지 못할 수도 있다. 해가 거듭될수록 성공적인 사회생활에서 필요한 능력 중 자기 표현능력의 중요성은 아무리 강조해도 지나치지 않으며 특히 커뮤니케이션 능력은 그 중요성이 더해지고 있다.

1 커뮤니케이션 과정

[Shannon and Weaver 커뮤니케이션 모델]

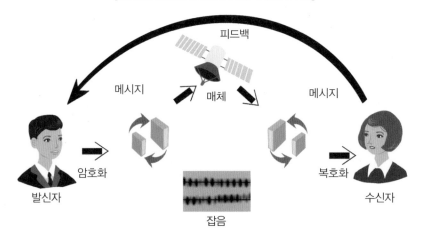

① 커뮤니케이션 과정은 발신자와 메시지, 그리고 수신자로 이루어진다.
② 자신의 생각, 아이디어, 경험 및 노하우 등을 상대방에게 전달하고 설득하는 모든 행위이며, 이는 상호작용으로 이루어진다.
③ 커뮤니케이션에서 수신자가 정확히 받아들일 수 있도록 정확한 언어적 메시지를 발송해야 하며 분명하고 쉬운 어휘를 사용해야 한다.

2 고객 접점 환경에서의 커뮤니케이션

고객 접점 환경에서 커뮤니케이션은 서비스에서 발생하는 나와 고객, 혹은 나와 동료와의 상호작용과 의사소통 관계를 총칭하는 것이다. 접점 직원의 커뮤니케이션 역량이 서비스

품질과 고객 만족에 결정적인 영향을 미친다. 커뮤니케이션은 상대방의 말이 아닌 마음을 이해하는 것이다. 어떤 말을 하느냐가 아니라 어떻게 말을 하느냐가 관건이다.

커뮤니케이션의 중요성

처음 보는 낯선 사람과 한 공간에 있을 때 어색함을 느끼시나요?
상사나 웃어른의 지시를 놓쳐본 적이 있나요?
다른 친구가 한 말을 이해하지 못해 당황했던 경험이 있나요?
아마 돌아서서 한참 후 '아 ~ 그때 이렇게 말을 해야 했는데'라고 후회한 적도 있을 것이다. 이처럼 의사소통과 관련된 고민은 누구에게나 한 번쯤 있기 마련이다.

2 기업에서 요구하는 커뮤니케이션 능력

최근 기업에서 사람을 채용할 때 보는 중요한 요소 중 하나가 커뮤니케이션 능력이다. '이 사람 말은 정말 이해가 잘 되네', '이 사람과 이야기하면 시간 가는 줄 모른다니까' 등으로 생각하게 하는 사람이 있을 것이다. 이런 이들의 특징은 커뮤니케이션 스킬이 좋은 사람이라고 할 수 있다.

1 T자형 인재와 A자형 인재 유형

우리가 역량을 판단할 때, 지식과 커뮤니케이션 역량을 따로 보는 것이 아니라 지식과 커뮤니케이션 역량을 곱하기해서 최종 역량을 산출해야 한다고 한다. 지식역량은 높지만, 커뮤니케이션 역량이 없는 사람보다는 지식은 다소 부족하지만, 자신의 지식을 100% 전달할 수 있는 커뮤니케이션 역량을 가진 사람이 업무에서는 더 중요하다고 한다. '지식'이 중요하지 않다는 것이 아니라 '커뮤니케이션 역량'이 '지식' 못지않게 중요하다는 것이다.

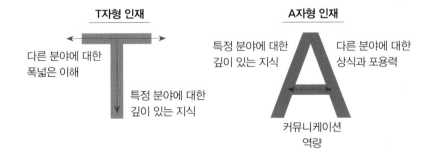

(1) T자형 인재 특징

① 특정 분야의 전문적인 자질(세로축)을 갖춤은 물론 폭넓은 교양(가로축)을 지닌 인재상

② 문제 해결 능력과 능동적인 업무태도, 도전정신도 갖추어야 할 요소
③ 교양에 있어서는 Generalist이고, 전공이나 전문적인 지식에 있어서는 Specialist인 인재상

(2) A자형 인재 특징

① T자형 인재상에 다른 사람과의 '소통 능력'을 더한 것
② 깊이 있는 전문 지식뿐만 아니라 다른 분야에 대해서는 상식과 포용력을 가지고 동시에 다른 사람과의 소통, 배려, 팀워크를 가진 인재
③ 창의력과 정직성, 글로벌 역량도 갖추어야 할 요소

잠깐! 알아두기   ○○○

A자형 인재 역량 평가

세계 최고 지식을 가진 대학 교수	지식역량 100점	×	커뮤니케이션 역량 50%	=	최종 평가역량 50점
평범한 중학교 선생님	지식역량 60점	×	커뮤니케이션 역량 100%	=	최종 평가역량 60점

④ T자형 인재를 뛰어넘는 A자형 인재가 되기 위해서는 자신이 가진 지식을 상대방이 이해할 수 있도록 전달하는 커뮤니케이션 능력은 필수요소이다. 주변 사람들과 소통하고 함께 목표를 향해 이끌고 갈 수 있는 융합인재가 현 시대에 꼭 필요한 모습이라 할 수 있겠다.

3 원활한 커뮤니케이션을 위한 기본원칙

■ 경청 - 상대방의 입장에서 듣고 반응하는 것

소통은 한 방향에서만 이루어지는 것이 아니다. 대화할 때 상대방의 말을 끊지 말고 말을 마칠 때까지 충분히 기다리는 것이 기본원칙이다.

(1) 경청을 위한 기술

① 판단하지 말고 진심으로 듣기
② 말하는 사람에게 동화되도록 노력하기
③ 전달자의 메시지에 관심을 집중시키고 공감하고 있음을 적극적으로 표현해 주기

(2) 경청을 저해하는 요인

1) 듣기보다 말하는 것에 집중

인간은 본능적으로 말하는 것을 좋아하지만 원활한 커뮤니케이션을 위해서는 말하는 것보다 상대방의 말을 경청하도록 한다.

2) 습관적 비몰입

대화 중에도 우리 뇌의 3/4은 작업 수행 없이 놀고 있으므로 상대방과의 대화 시 경청하려는 의지를 갖고 몰입할 수 있도록 한다.

3) 선입견과 판단

선입견과 판단은 경청의 큰 방해요인이다. 본인이 미리 정해둔 틀을 바탕으로 대화를 이어간다면 경청하기 어려우므로, 나의 감정이 중립인지, 왜곡된 선입견이나 섣부른 판단이 있지는 않았는지를 확인하는 자세가 필요하다.

들을 청

귀로 듣고

눈으로 보고

마음으로 공감하라

잠깐! 알아두기 ○○○

소통의 기본원리 7대 3원칙

때에 따라 상대방이 말을 하는 도중에 습관적으로 '그런데~'라고 하며 끼어들어 자기 말을 하는 사람이 있다. 말을 하는 도중에 상대방으로부터 제지를 받고 불쾌한 감정을 느끼는 것은 당연하다. 또, 무슨 말을 해야 할지 모르겠다고 투덜거리는 사람들 대부분은 상대방의 말에 주의를 기울이지 않기 때문이다.소통의 기본원리인 7 : 3 원칙을 기억하며 70%를 듣고 30% 말하는 것이 커뮤니케이션에서 중요하다. 즉 커뮤니케이션의 기본은 말을 잘하는 것보다 잘 들어주는 것이다. 질문이 있더라도 상대방의 말이 끝난 후에 하도록 한다.

---

② 공감 – 상대방을 존중하고 공감할 것

대체로 커뮤니케이션 스킬이 좋은 사람들은 상대방의 상황을 잘 알아채고 감정을 이해하는 능력이 높다. 상대방에 대해 관심을 가지고 주의 깊게 관찰하며 상대방을 알기 위해 노력하고 있다. 이 과정에서 사람은 자신을 이해하고 호의를 베푸는 사람을 신뢰하므로 신뢰 관계까지 형성할 수 있다.

(1) 공감의 3요소

1) 관심 보이기

① 언어적으로 대화에 관심이 있다는 것을 표현하기, 비언어적(태도)으로도 상대와의 대화에 관심이 있다는 것을 표현한다.

> 예 눈(Eye Contact)을 마주치며, 상대의 이야기에 적절한 맞장구를 하고 고개를 끄덕이는 등의 행동을 통해 관심을 표현

② 가능하면 메모를 하거나 몸을 당겨서 앉는 등의 적극적인 관심을 표현하는 것도 좋다.

2) 반복하기

① 관심을 보이며 상대의 이야기를 듣고 맞장구를 치는 것보다 이야기를 잘 듣고 있으며 이해하고 있다는 것을 보여주는 방법이다.

② 상대의 이야기를 들은 그대로 반복하는 것이 아니라 들은 내용을 반복하여 확인하거나 들은 내용을 나의 언어로 바꾸어 표현하고 들은 내용을 요약하여 이야기하고 상대에게 확인하는 등의 방법이 있다.

3) 감정 이입하기

① 상대의 감정이나 느낌을 추측하면서 이해하려고 노력하는 단계이다.

② 추측하는 것뿐만 아니라 내가 추측한 상대의 감정을 말로 표현하여 확인한다.

③ 내가 상대 말의 내용뿐만 아니라 감정도 이해하고 있다는 것을 표현하여 알도록 하는 것이다.

[감정 이입하기 예시]

> • ~ 기분이 드시나 봐요. • ~ 생각 때문에 속상하신가 봐요.
> • ~ 라고 생각하시는 것은 당연합니다. • 저라도 고객님과 같은 생각을 했을 겁니다.

(2) 진정한 공감

1) 상대방 감정 파악 이전에 공감하기 위한 노력이 선행

① 사람들은 신뢰가 쌓여야 소통할 수 있기에 공통점을 찾거나 차이점을 파악하고 상대방에 대한 정보가 점점 많아지며 의사소통이 쉬워지는 것을 느끼게 된다.

② 상대방이 말을 할 때 주의 깊게 듣지 않고 자신의 경험이나 생각에 근거해서 판단 및 평가하려는 사람들이 있다. 이는 상대방이 말을 할 때 듣고는 있지만 다른 생각에 빠져 있음을 의미한다. 그래서 상대방의 말을 왜곡하거나 주의 깊게 듣지 않게 된다.

③ 커뮤니케이션할 때는 먼저 상대방의 감정과 상황, 의견을 파악하려고 노력하고 조언이나 충고보다는 공감하기 위해 노력하는 것이 선행되어야 한다.

2) 상대방 이야기에 집중하기

① 공감은 자신의 마음을 비우고 상대의 마음을 있는 그대로 명료하게 이해하기 위해 상대의 이야기에 집중한다는 것이다.

② 내가 이해한 상대의 마음을 그대로 표현하여 확인하는 것이다. 즉, 상대방이 처한 상황이나 환경을 있는 그대로 바라보며 상대방의 이야기에 주의 기울여 집중하여 듣는다.

③ 상대방에게 들은 내용을 반복 확인함으로써 상대방이 지금 느끼고 있는 감정을 이해하고 상대도 내가 확인하는 이야기를 들음으로써 이해받고 있다고 느끼게 하는 것이다.

(3) 공감의 효과

① 자신만의 생각에서 벗어나서 진정으로 공감하게 된다면, 상대방은 자신이 진정 원하고 바라고 필요한 것을 인식할 수 있게 문제의 해답을 찾을 수 있다.

② 상대를 지적인 이해가 아닌 마음으로 이해하게 됨으로써 상대가 진정하는 것을 인식할 수 있게 된다.

③ 많은 대화를 나누지 않더라도 서로가 원하는 것을 충분히 알고 서로 통할 수 있게 된다. 상대와 내가 원하는 것을 같이 이룰 수 있는 상생의 길을 갈 수 있게 된다.

3 표현 – 나의 생각을 진정성 있게 표현할 것

상대방의 이야기를 들을 때 아무런 반응을 보이지 않으면 말하는 사람은 자신의 이야기가 제대로 전달되고 있는지 궁금하기도 하고 답답함도 느낄 것이다. 따라서, 상대방의 말에는 적절한 반응을 보이는 것이 중요하다.

① 눈을 마주치거나 말로 호응하기도 하고 고개를 끄덕이는 등 적극적으로 듣고 있다는 것을 표현해야 한다.

② 커뮤니케이션 스킬이 좋은 사람은 누구를 상대해도 이해하기 쉽도록 이야기를 잘한다.

③ 타인에게 내용을 전달하고자 할 때는 목적과 결론을 명확하게 하여 상대방이 의미를 파악하기 쉽게 해주는 것도 중요하다.

잠깐! 알아두기 ○○○

스스로 커뮤니케이션에 어려움이 있다고 생각이 된다면, 커뮤니케이션 스킬 능력이 좋은 누군가를 롤모델로 삼아 따라 해보는 것도 좋다. 노력으로 어느새 한층 발전한 나의 모습을 발견할 수 있게 된다.

1 ㅇ 언어적 커뮤니케이션(Verbal communication) 스킬

1 개요

① 커뮤니케이션의 기본으로 정보와 의사전달에 가장 많이 사용되는 방법이다.

② 자신의 감정, 상태, 경험 등을 다양한 형태로 표현하고자 하는 욕구가 일정한 상징을 통해 표현되고 타인의 의사를 수신하는 행위이다.

③ 수신자가 정확히 받아들이도록 적절한 언어적 메시지를 발송하고, 조직적인 사고력으로 분명하고 쉬운 어휘를 사용한다.

④ 수신자가 긍정적이고 동조의 의미를 전달하기 위해 노력해야 하며 제품이나 서비스에 대해 이해하기 쉽고 명확하게 설명해 그 효과를 높인다.

2 말하기 기본원칙

(1) 정확하게 말하기

말은 분명하게 하고 중얼거리지 않도록 한다.

(2) 단어를 정확하게 발음하기

① 사람들은 내가 쓰는 단어로 역량을 파악할 수 있다.

② 일상에서 새로운 단어를 익히고 어휘를 향상시키는 학습을 하도록 한다.

(3) 천천히 말하기

대화할 때 빨리 말하면 상대방이 느끼기에 긴장한 것으로 보여 신뢰감이 떨어질 수 있으니 유의하도록 한다.

(4) 목소리 가다듬기

목소리 피치를 중저음으로 맞춰 신뢰감을 주는 톤으로 연습하도록 한다.

(5) 목소리에 생기 불어넣기

단조로운 톤이 아닌 역동적인 톤으로 말하는 연습을 하도록 한다.

(6) 알맞은 목소리 크기로 말하기

대화 상황에 어울리는 목소리 크기로 말하는 연습을 하도록 한다.

3️⃣ 언어적 커뮤니케이션 스킬 향상을 위한 방법

① 유창하게 말하려고 연습하고 내가 말할 때 사람들이 들을 수 있는지 꼭 확인할 것
② 말 잘하는 사람은 경청, 즉 잘 듣는 사람
③ 다른 사람의 말을 방해하거나 끊어서 대화의 흐름이 끊기지 않도록 할 것
④ 항상 자신 있게 말할 것, 다른 사람의 평가는 크게 중요하지 않음
⑤ 올바른 문법과 적절한 단어 사용을 위해 노력할 것
⑥ 청중 앞에서는 절대로 자화자찬하지 않기
⑦ 내가 말하는 것이 항상 옳다는 생각을 갖지 않을 것
⑧ 타인의 말을 들을 때 항상 눈을 마주칠 것
⑨ 사람들과의 교류를 통해 다른 사람들과 말하는 방법에 대한 좋은 아이디어를 얻을 것
⑩ 효과적인 커뮤니케이션을 위해 제스처를 사용하고 거울 앞에서 꼭 연습할 것

2️⃣ 활용 가능한 커뮤니케이션 스킬

1️⃣ 신뢰 화법

① 상대방에게 신뢰감을 줄 수 있고, '다까체'와 '요조체'를 적절하게 활용한다.
② '다까체'는 정중한 느낌을 주어 좋지만 다소 딱딱하고 형식적이라는 느낌을 줄 수 있다.
③ '요조체'는 과하게 사용했을 때 신뢰감을 떨어뜨리고 공적인 느낌을 줄여준다.
④ '다까체'와 '요조체'는 6:4 혹은 7:3 정도의 비율로 사용하는 것이 적절하다.

다까체(정중화법)	• ~ 입니다.	• ~ 입니까?
요조체	• ~ 에요.	• ~ 이죠?

2️⃣ 쿠션 화법

① 의자에 앉을 때 쿠션을 이용하면 더욱 편안하지요? 마찬가지로 고객 서비스 시에 양해를 구하거나 거절 혹은 부탁을 할 때 부정적인 감정을 줄일 수 있는 대표화법이다.
② 단정적이고 직접적인 표현보다는 원만하고 부드럽게 대화를 이끌어가서 상대방의 감정을 배려하고 공손하게 대화할 수 있는 화법이다.

- 실례합니다만 ~
- 번거로우시겠지만 ~
- 괜찮으시다면 ~
- 죄송합니다만 ~

- 불편하시겠지만 ~
- 가능하시다면 ~
- 바쁘시겠지만 ~

3 레이어드 화법(청유형, 의뢰형 표현)

① 대부분 사람들은 자신이 주도권을 갖기를 원하므로 명령형의 표현은 거부감을 줄 수 있다.

② 상대방이 내 부탁에 스스로 따를 수 있도록 상대방 의견을 구하는 표현을 사용한다.

예시 ❶	• 조금만 더 기다리세요. (X) • 잠시만 더 기다려 주시겠습니까? (O)
예시 ❷	• 여기서 담배 피우지 마세요. (X) • 실례하겠습니다. 1층에 마련된 흡연실을 이용해 주시겠습니까? (O)

4 긍정 화법

① 긍정적인 부분을 중심으로 표현하며, 부정적인 표현은 상대방에게 불쾌감을 줄 수 있으므로 긍정적인 부분을 강조하면서 거부감을 줄인다.

② 긍정적인 내용과 부정적인 내용을 함께 말해야 할 경우에는 긍정적인 것을 먼저 이야기하고 나중에 부정적인 것을 말한다.

예시 ❶	• 여기서 떠드시면 안 됩니다. (X) • 같은 층 오른쪽에 휴게실이 마련되어 있습니다. (O)
예시 ❷	• 입금 안 하셨네요. (X) • 어느 은행으로 입금했는지 다시 한번 확인 부탁드립니다. (O)

5 맞장구 화법

상대방의 이야기에 관심이 있다는 것을 표현하기 위해 경청하고 반응해 주는 화법이다.

가벼운 맞장구	그렇군요. / 그렇습니까?
동 의	정말 그렇겠네요. / 과연...
정리(피드백)	그 말씀은 ~ 이라는 것이지요?
재 촉	그래서 어떻게 되셨습니까?
몸 짓	고개 끄덕이며 듣기, 고개 갸우뚱, 눈 맞춤

6 개방적 표현

① 대화를 진행할 때 상대방의 이야기를 더 많이 듣기 위해서 질문하는 방법을 아는 것이 필요하다.

② 네/아니요, 답이 있는 폐쇄형 질문보다는 개방적인 자유 형태의 답변을 들을 수 있는 질문을 한다.

예시 ❶	• 오늘 유익한 시간을 보내셨습니까? (X) • 오늘 함께 한 시간은 어떠셨습니까? (O)
예시 ❷	• 식사는 다 하셨습니까? (X) • 식사는 어떠셨습니까? (O)

7 완곡한 표현

상대와의 대화를 부드럽게 이어 나가기 위해서 '안 됩니다/모릅니다'의 직설적이고 강한 표현은 피하는 것이 좋다.

예시 ❶	• 그 부분은 잘 모릅니다. (X) • 제가 알아보고 말씀드리겠습니다. (O)
예시 ❷	• 그렇게 하는 것이 아닙니다. (X) • 그렇게 하는 것보다 이렇게 하면 어떨까요? (O)

8 Yes & But 화법

① 상대방의 의견과 반대의 의견을 전달해야 할 때 부정형 화법으로 상대방의 의견을 먼저 수용하고 긍정한 후 나의 의견과 생각을 표현하는 방법이다.

② 비록 나의 의견과 다른 상대방의 의견이라 하더라도 상대방의 생각에 대해 먼저 공감한 후 나의 의견을 이야기한다면 대화를 이끌어가는 분위기가 좋게 유지될 수 있다.

[Yes & But 화법 예시]

• 네, 맞습니다. 저도 충분히 공감합니다. 하지만 제 생각에는 ~
• 네~ 고객님 말씀이 맞습니다. 저렴한 제품은 아닙니다. 하지만 기능이 많고 효과가 좋습니다.

9 I-Message 화법

(1) I-Message 화법

① 일반적으로 주어가 1인칭 '나'로 시작하는 문장으로 전달할 때는 나의 관점에서 내가 관찰하고, 생각하고, 느끼는 것을 표현하게 된다.

② 나와 상대방과의 문제를 해결하기 위해서는 대화를 시작할 때 나 자신이 느끼는 감정

과 생각을 직접적으로 표현하여 상대방에게 나의 상태를 부드럽게 전달되도록 할 수 있다.

③ 형식은 상황(상대방의 행동) – 결과(나에게 미친 영향) – 느낌(나의 느낌)이 된다.

[I-Message 화법 예시]

예시 ❶	• 넌 도대체 왜 그러니? (X) • 네가 그렇게 하니까 내가 걱정이 많이 된다. (O)
예시 ❷	• 자네는 왜 매일 지각인가? (X) • 자네가 출근에 늦을 때마다 신경이 쓰이고 걱정이 많이 된다네. (O)

(2) I-message 화법과 You-message 차이점

구분	I-message	You-message
뜻	• '나'를 주어로 해서 상대방의 행동에 대한 자신의 생각이나 감정 등을 표현하는 대화방식	• '너'를 주어로 해서 상대방의 행동을 표현하는 대화방식
예	• 이렇게 늦게 집으로 돌아오면 엄마는 걱정이 많이 된단다. 다음부터는 조금 일찍 돌아오면 좋겠구나.	• 너 지금 몇 시니? 도대체 왜 이렇게 늦게 다니는 거야?
효과	• 상대방에게 나의 입장과 감정을 전달해서 상호 이해를 도울 수 있음 • 상대방에게 솔직한 감정을 전달하게 됨 • 상대방은 나의 생각이나 느낌을 받아들이고 자발적으로 자신의 문제를 해결하려는 의도를 가지게 됨	• 상대방에게 문제가 있다고 표현하여 상호관계를 파괴하게 됨 • 상대방에게 일방적으로 공격, 비난하는 듯한 느낌을 전달하게 됨 • 상대방은 변명하거나 저항, 공격성을 보이기도 함

⑩ 아론슨 화법

① 미국의 심리학자 아론슨(Aronson)에 의하면 사람들은 비난을 들은 후 칭찬을 받게 되었을 때 계속 칭찬을 들어온 것보다 더 큰 호감을 느낀다고 하였다.

② 대화를 나눌 때 부정과 긍정의 내용을 함께 말해야 할 경우 부정의 내용을 먼저 말하고 긍정의 내용을 나중에 말하는 것이 더 효과적이다.

③ 고객 만족 화법으로 유용하게 쓰이고 있다.

④ 상품 설명을 하는 판매 현장에서 주로 쓰인다.

⑤ 상품을 더 돋보이도록 하고 고객의 선택을 유도하기 위해 설명하는 방식으로 많이 사용된다.

⑥ 고객이 의사결정을 못 하고 있을 때 도움을 줄 수도 있고 긍정적인 부분을 강하게 어필하는 데 쓰인다.

- 이 제품은 확실히 효과가 있지만, 값이 너무 비싸네요. (일반적인 대화체)
- 이 제품은 값이 비싸긴 하지만 확실히 효과는 있어요. (아론슨 화법 예시)

3 플러스 대화법

1 칭찬의 기술

칭찬은 인간관계를 부드럽게 만들어 주는 역할을 한다. 다른 사람의 행동이나 특성, 또는 결과에 대해 훌륭하다고 말하고 높이 평가하는 순기능적 효과가 있는 것이다. 하지만, 막상 칭찬하려고 하면 익숙하지 않고 어색하며 망설이게 된다. 칭찬을 잘하기 위해서는 상대방에 관한 관심을 가지고 적절한 표현을 사용해야 한다.

(1) 칭찬 화법 사용 시 주의할 사항

① 상대의 소유가 아닌 재능을 칭찬
② 결과보다는 과정을 칭찬
③ 타고난 재능보다 의지와 노력에 대해 칭찬
④ 큰 것보다는 작은 것에 대한 칭찬
⑤ 애매하지 않도록 구체적인 칭찬
⑥ 공개적으로 칭찬

[다양한 칭찬 표현]

- 정말 잘했어요.
- ○○ 씨를 알게 된 것은 정말 감사해야 할 일이에요.
- ○○ 씨는 마음 속 깊이 정이 많은 분이세요.
- 조용하지만 차분하게 누구에게나 따뜻한 분이 ○○ 님이시죠.
- 와, 대단하세요. 역시 핵심만 꼭 짚어주시네요.
- 그런 이유로 다른 팀원들도 ○○ 씨를 좋아하고 존경하는 거예요.
- 힘든 일이지만 ○○ 씨니까 끝까지 해낸 거예요.

2 질문의 기술

피터 드러커에 의하면 좋은 질문은 정보를 얻고 훌륭한 질문은 변화를 이끌어낼 수 있다고 하였다. 상대방과의 대화 속 질문이 갈등과 문제 해결의 실마리가 될 수 있으므로 경청과 함께 적절한 질문을 하는 것은 원활한 커뮤니케이션을 위한 스킬이라고 할 수 있다. 질문의 유형은 4가지가 있다.

(1) 개방형

① 대답이 Yes or No가 아닌 충분히 상대의 이야기를 끌어낼 수 있는 질문법이다.

② 고객을 존중하고 있다고 느끼게 할 수 있다.

③ 고객은 다양한 대답을 할 수 있다.

④ 긍정적이지만 대답할 수 있는 내용이 광범위하다.

[개방형의 예시]

- 고객 만족을 이끄는 기내 서비스에서 중요한 것이 무엇이라고 생각하십니까?
- 처음 도입한 우리 항공사의 서비스에서 칭찬해 주고 싶은 점은 무엇이라고 생각하시나요?

(2) 폐쇄형

① 대답이 Yes or No의 결정적 대답을 이끄는 질문법이다.

② 대화의 내용에 집중하는 데 효과적이다.

③ 고객에게 사전 동의를 얻은 경우 더욱더 효과적이다.

④ 폐쇄형 질문이 연속되면 질문자의 수준이 낮게 평가될 수도 있다.

[폐쇄형의 예시]

- 항공사 결정에 노선 이용의 편리성도 중요하다고 생각하나요?
- 셔틀버스 연결 서비스가 필요하다고 생각하십니까?

(3) 직접형

① 상대방에게 사실적 근거로 직접적 의견을 묻는 질문법이다.

② 고객에게 직접적인 답을 듣기 위한 질문이다.

③ 고객이 이해하기 쉽게 질문한다.

④ 고객이 압박감을 느낄 수도 있다.

[직접형의 예시]

- 고객님께서 원하시는 항공편을 종합해 보면 노선의 편리성과 기내 서비스 수준을 고려한 항공사를 추천해 드리는 것이 좋을 것 같은데 어떠세요?
- 현재 프로모션 중인 패키지 A가 유아를 동반하시는 고객님께 적합한 상품이라고 생각하는데 어떠신가요?

(4) 간접형

① 상대방과 부드러운 대화를 이끌어 가기 위해 이따금 나누는 가벼운 질문법이다.

② 꼭 답을 듣기 위해 하는 질문이 아니라 긍정적 동의를 구하기 위한 질문이다.

③ 의문문의 형태가 아니어도 좋다.

④ 좋은 분위기를 만드는 데 도움이 된다.

[간접형의 예시]

- 기내 서비스가 좋은 국적 항공사를 이용해야 하지 않을까요?
- 같은 노선임에도 운임이 더 저렴한 SR을 타보는 건 어떠세요?

3 감사의 기술

사회적 유대관계를 강화하고 커뮤니케이션 상황을 유지하기 위해서 감사함을 표현하는 것이 좋다. 감사 표현은 부정적 감정을 감소하는 데 도움을 준다.

(1) 감사 표현하기

① 구체적으로 감사한 상황을 말로 표현한다.

② 나 자신이 어떤 감정을 느꼈는지 정서적인 부분까지 표현한다.

③ 구체적으로 긍정적 도움이 된 부분을 말한다.

④ 감사 인사로 마무리한다.

⑤ 감사함은 생각만이 아닌 반드시 표현하고 전달해야 한다는 것을 기억해야 한다.

4 사과의 기술

사회생활 중 관계에 의한 문제가 발생하기 쉽다. 그중 잘못이나 실수로 인해 관계가 불편해지고 업무에도 영향을 미치는 경우가 있다. 상황이 좋지 않게 되는 이유는 제대로 제때 사과를 하지 않았기 때문이다. 사과를 통해 신뢰 회복은 물론이고 긍정적인 관계를 회복하여 칭찬이나 감사의 표현만큼 중요한 것이 사과의 기술이다.

(1) 사과 타이밍

① 사과는 상황 발생 즉시 하는 것이 좋다.

② 사과를 미루다 보면 시간이 지날수록 불필요한 오해나 추측 등으로 인해 부정적인 감정이 커진다.

③ 사과가 지연될 경우 상황보다는 감정으로 인해 문제 발생의 기본 문제가 변질하여 상대방의 화가 커지면서 나의 태도 역시 문제가 되는 경우가 발생하기도 한다.

(2) 해명과 변명

① 사과하는 도중 해명을 하고 싶어진다. 하지만 해명할수록 상대방 입장에서는 변명으로 느끼게 된다.

② 문제가 생긴 이유가 명확하더라도 일단 그 책임은 나에게 있다는 마음 자세로 진심 어린 사과를 해야 사과의 힘이 생기고 해명은 사과의 힘을 약하게 만든다는 것을 잊지 않도록 한다.

(3) 변화에 대한 약속

① 진심 어린 사과를 했다면 이후 비슷한 상황 발생 시 어떤 대처를 할 것인지에 대한 약속, 다짐, 변화의 계획을 구체적으로 말해 주어야 한다.

② 사과를 통한 미안함을 넘어 책임감을 전달하여 신뢰 회복에도 도움이 될 것이다.

5 공감의 기술

(1) 리액션

상대방의 이야기에 경청하고 공감하며 반응한다.

[리액션의 예시]

> 손님 : 오는데 길이 막혀 30분이 넘게 걸렸어요.
> 직원 : 1시간 안 걸린 게 다행이네요. (X)
> 　　　 아 ~ 그렇군요. (X)
> 　　　 어머, 정말요? 힘드셨겠어요. (O)
> 　　　 괜찮으세요? 오시느라 고생하셨어요. (O)

(2) 감탄사 적절하게 사용하기

① 단어 자체가 의미가 있지는 않지만, 상대방에게 공감을 표현할 수 있다.

② 와~, 아~, 어머~, 오~ 등 진정성이 보이도록 표현하면 좋아요.

[감탄사 적절하게 사용하기 예시]

> • 와~ ! 정말 멋지네요.
> • 역시~ 안목이 대단하세요.
> • 어머~ 궂은 날씨에 교통편까지 연결이 어려우셨을 텐데 오시느라 정말 고생 많으셨어요.

(3) 아이스브레이킹

아이스브레이킹(Ice breaking)은 처음 만난 사람과의 어색한 분위기를 깨뜨리고 분위기를 전환하는 것을 뜻한다. 누구든 초면에는 불편하기 마련이지만, 고객을 대하는 자리라면 상황에 따라 고객이 편안함과 친절함이라는 배려심을 느낄 수 있도록 서비스인은 노력을 해야 한다. 이해관계를 바탕으로 하는 비즈니스 현장에서는 낯선 상황을 해소하는 방법으로 활용되고 서비스 현장에서는 고객맞이 개념으로 이해한다.

[아이스브레이킹의 구성요소]

인 사	첫 만남의 기본적인 관계 시작
밝은 분위기 조성	가벼운 대화의 소재를 활용하여 부드러운 분위기 조성
회사소개	회사를 소개하며 서비스 제공자의 신뢰를 쌓음
자기소개	장기적인 서비스 제공이나 세일즈 등에서 의미 있는 역할을 함
서비스 상담 목적	아이스브레이킹을 통해 상담이 시작됨. 상담이 시작될 때는 고객에게 알리고 동의를 얻음

(4) 라포형성

라포(Rapport)는 '다리를 놓다'라는 프랑스어로 '마음의 유대'를 뜻한다. 서로의 마음이 연결된 상태를 나타내는 말이다.

[라포형성을 위한 방법]

미러링(Miroring) 기법	• 상대방의 행동을 거울에 비친 것처럼 따라 하며 경청하는 자세를 보여 줌
페이싱(Pacing) 기법	• 상대방의 감정선에 맞추어서 맞장구 등을 통하여 감정을 맞춰 주는 것임
백 트래킹(Back-tracking) 기법	• 상대방의 말을 받아줌 • 핵심 키워드, 감정, 내용 요약에 대한 백 트래킹이 있음
케리브레이션(Calibration) 기법	• 상대방의 무의식을 파악하는 기법으로 비언어적 움직임을 관찰해 상대방의 심리나 감정을 읽어내는 것임

4 서비스 실전 대화

1 상황별 쿠션 언어

쿠션은 딱딱한 의자를 푹신하고 안락하게 만들어 주는 역할을 한다. 쿠션 언어도 부탁, 의뢰, 반론이나 거절 등 꺼내기 어려운 말을 해야 할 때 상대방에게 거부감을 주지 않고 부드럽게 의사 전달할 수 있도록 도와주는 역할을 한다.

[상황별 쿠션 언어]

부탁할 때	• 번거로우시겠지만 • 송구합니다만 • 수고 끼쳐 죄송합니다만	• 죄송합니다만 • 많이 바쁘신 것으로 알지만
거절할 때	• 공교롭게도 • 유감스럽지만 • 말씀드리기 어렵습니다만 • 도움이 못 되어 대단히 죄송합니다만	• 모처럼 청해주셨는데 • 실례인 줄 압니다만 • 대단히 안타깝습니다만 • 기대에 부응하지 못해 죄송합니다만
반론할 때	• 전적으로 맞는 말씀입니다만 • 말대답 같아 죄송합니다만	• 무슨 말씀인지는 알겠습니다만

2 쿠션 언어 사용 실제 예시

> ❶ 쿠션 언어 + ❷ 이유 + ❸ 해결을 위한 노력 + ❹청유형

(1) 매장

일반언어	쿠션 언어
A : 혹시 00 물건이 있나요? B : 그 물건은 없습니다. (X)	• 쿠션 언어 : 죄송하지만, • 이유 : 찾으시는 물건은 재고가 없습니다. • 노력 : 제가 다시 한번 확인해본 후 • 청유형: 안내해 드려도 될까요?

(2) 열차

일반언어	쿠션 언어
A : 열차 통로 측 자리로 주세요. B : 오늘은 만석입니다. (X)	• 쿠션 언어 : 죄송하지만, • 이유 : 오늘 통로 측 좌석은 만석입니다. • 노력 : 예약 가능한 좌석 중 가장 편안한 좌석으로 • 청유형: 배정해 드려도 될까요?

(3) 기타

일반언어	쿠션 언어
A : 마스크 착용을 안 하시면 입장이 안 됩니다. (X)	• 쿠션 언어 : 손님, 번거로우시겠지만, • 이유 : 손님과 다른 관객들의 안전을 위해서 • 노력 + 청유형 : 입장 시 마스크를 착용해 주시겠습니까?
A : 지금은 처리해야 할 업무가 많아서 해결이 안 됩니다. (X)	• 쿠션 언어 : 손님, 번거로우시겠지만, • 노력 + 청유형 : 최대한 빠르게 처리될 수 있도록 노력하겠습니다.

Chapter
03 비언어적 커뮤니케이션 스킬

1 ○ 비언어적 커뮤니케이션 스킬

1 개요

① 구두 혹은 문서로 만들어진 언어를 제외한 비언어적 신호를 활용한 정보교환이며 몸짓, 자세 등과 같은 신체언어(Body language)와 제스처도 포함한다. 즉, 언어 없이 이루어지는 감정이나 생각의 소통 커뮤니케이션이다.

② 비언어적 커뮤니케이션은 자신의 태도와 정서를 표현하기 위해 의식적 혹은 무의식적으로 사용한다. 이러한 비언어적 커뮤니케이션은 전 세계적으로 보편성을 지니기도 하지만 문화에 뿌리를 두고 영향을 받아 변화되기도 하기에 이문화(異文化)를 이해하기 위해서는 문화를 반영하는 비언어적인 메시지를 이해하는 것도 매우 중요한 일이다.

③ 언어와 더불어 여러 가지 기능을 함께 수행하기도 하고 정보가 전달되는 상황과 해석에 있어서 중요한 실마리를 제공하기도 한다.

④ 무의식적으로 일어나는 반응으로 신뢰성 높은 의사전달 수단이 되기도 하므로 그 중요성이 크다고 할 수 있다.

⑤ 비언어적 커뮤니케이션 유형에는 눈 맞춤, 얼굴 표정, 고개 끄덕이기, 몸짓, 자세, 제스처 등이 활용된다.

2 비언어적 커뮤니케이션의 유형

(1) 신체적 외양

① 신체적 매력 : 우호적인 이미지 전달, 고객의 태도 변화에 영향을 준다.

② 복 장 : 긍정적인 복장은 신뢰감을 전달한다.

③ 헤어스타일 : 사람의 태도와 마음가짐 및 업무 수행에서의 개성 등을 표현한다.

(2) 신체언어

① 얼굴표정 : 개인 인상을 결정짓는 중요한 요소이다.

② 시선 : 대인관계의 질을 결정하는 요소이다.

③ 고개 끄덕임 : 경청하고 있음을 알리는 역할을 한다.

④ 몸의 움직임 : 표현을 도와주는 역할을 한다.

⑤ 자세 : 개인의 상태를 알 수 있는 요소로 활용한다.

(3) 의사언어

공식적 언어가 아닌 사람이 발생시키는 다양한 소리를 말한다.

① 말투 : 사람을 신뢰하는 데 도움을 준다.

② 음조의 변화 : 다양한 메시지를 판단하는 데 도움을 준다.

③ 음고 : 듣는 사람이 상대방의 능력 및 사회성을 인지하는 데 도움을 준다.

④ 음량 : 음량의 정도로 감정 상태 등을 아는 데 도움을 준다.

⑤ 말의 속도: 감정과 태도를 반영한다.

⑥ 발음 : 정확한 의사전달에 도움을 준다.

(4) 공간적 행위

① 육체적 공간 거리를 어떻게 유지하며 어떠한 의미를 부여하는가에 관한 것이다.

② 상대방에 대한 친밀감, 신뢰도, 진정성 있는 관심, 흥미, 태도 등을 반영한다.

[거리에 따른 친밀도]

친밀한 거리	0 ~ 45cm	사회적 거리	80 ~ 1.2m
개인적 거리	45 ~ 80cm	대중적 거리	1.2 ~ 3.7m

③ 미국의 인류학자 버드휘스텔 연구

① 미국의 인류학자 버드휘스텔(R. L. Birdwhistell)은 "정상적인 두 사람이 대화를 나눌 때 언어를 통해 전달되는 의미는 35%에 불과하고, 나머지 65% 이상은 비언어적인 형태로 전달된다."라고 하였다.

② 실제로 언어적 메시지와 비언어적 메시지가 서로 상충할 때 사람들은 언어적 메시지보다는 비언어적 메시지를 믿는 경향이 있다.

③ 예를 들어, 누군가에게 선물을 주었을 때 받은 사람이 고맙다고 말은 하고 있지만, 표정은 전혀 반갑지 않다면 아무 말이 없어도 매우 반가운 표정을 짓는 사람보다 진정성이 느껴지지 않을 것이다.

2 표정

인간은 말을 배우기 시작할 때 직접적인 언어보다는 신체언어를 먼저 습득하게 된다. 상호 간의 커뮤니케이션에서 호감 가는 밝은 표정은 이후 관계 형성이나 업무 진행에 큰 영향을 끼친다.

▮ 표정의 기능

① 표정은 상대방에게 다양한 심리변화를 주기도 한다.

② 부드럽고 밝은 표정만으로도 상대방에게 신뢰감을 준다.

③ 웃는 얼굴은 나 스스로의 마음도 즐겁게 한다.

▮ 가짜 미소와 진짜 미소

웃음에는 입 주변 근육으로만 웃는 형식적인 가짜 미소(웃음)과 눈 주변 근육을 모두 사용하는 진짜 미소로 나눌 수 있다. 진짜 미소라고 부르는 '뒤센 미소'는 환한 표정으로 즐겁게 웃는 미소(웃음)을 뜻하는 말이고 주로 눈가에 표현된다. 특히 첫인상의 긍정적 이미지 형성을 위해 표정 연습도 꾸준히 하는 것이 좋다.

▮ 표정에 관한 동·서양의 연구

(1) 동양

정재승 KAIST교수(바이오 및 뇌공학)가 말하는 감정은 "동양인과 서양인이 얼굴에서 서로 다른 곳을 보며 감정을 읽는 것은 동서양의 이모티콘 사용에도 영향을 미친 것으로 보인다"고 밝혔다. 서구에서 나온 이모티콘은 눈은 변화가 없고 입 모양만 바뀌면서 여러 감정을 표현한다. 예를 들어 웃는 모습은 :) , 언짢은 모습은 :(이다. 이에 비해 우리나라 이모티콘은 입은 변화가 없고 눈에 하트나 골뱅이 기호를 그려 감정을 나타낸다.

서양인		동양인(우리나라)
:)	:(	^_^, @_@
웃는 모습	언짢은 모습	기분 좋음, 행복

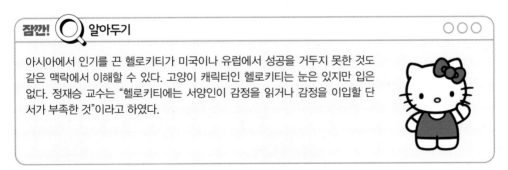

잠깐! 🔍 알아두기 ○○○

아시아에서 인기를 끈 헬로키티가 미국이나 유럽에서 성공을 거두지 못한 것도 같은 맥락에서 이해할 수 있다. 고양이 캐릭터인 헬로키티는 눈은 있지만 입은 없다. 정재승 교수는 "헬로키티에는 서양인이 감정을 읽거나 감정을 이입할 단서가 부족한 것"이라고 하였다.

(2) 서양

상대방의 감정을 읽을 때 서양인은 입, 동양인은 눈을 본다(英 글래스 고대 연구진 실험). 즉, 서양인은 입 덜 벌리는 쪽을 분노로 느끼고, 동양인은 눈을 더 크게 뜬 표정을 분노로 느낀다.

이처럼 서양에서는 입 모양을 보고 감정을 판단하기에 이모티콘 입 모양으로 감정을 표현하는 것이 보편화된 일이다. 이와 같은 맥락에서 볼 때 입 없는 헬로키티 캐릭터가 서양에서 성공하지 못 한 것은 너무나도 당연한 일이다.

(3) 英 글래스 고대 연구 실험 결과

글래스 고대의 레이철 잭 박사 연구진은 서양인과 동아시아인을 15명씩 뽑아 컴퓨터 그래픽으로 만든 다양한 표정을 보여주며 어떤 감정을 표현한 것으로 느껴지는지 설명하게 하였다.

실험 결과 서양인은 표정을 보고 6가지 보편적 감정 언어를 정확히 구분하지만, 동양인은 놀라움·공포·혐오·분노를 뭉뚱그려 비슷한 감정으로 보는 것으로 나타났다.

1) 표정을 보고 느끼는 감정

① 서양인 : 표정을 보고 6가지 보편적 감정 언어를 정확히 구분
② 동양인 : 놀라움·공포·혐오·분노를 비슷한 감정으로 봄

2) 표정에서 감정을 판단하는 부위

표정에서 감정을 읽는 방법도 동양인과 서양인은 서로 차이점이 있었다.

① 동양인은 얼굴에서 특히 눈을 보고 감정을 판단하지만, 서양인은 입에 집중하여 감정을 판단하는 것으로 나타났다.
② 서양인에게 '분노'와 '혐오'는 눈 모양은 같지만 입을 좀 더 벌리는 쪽이 '혐오'로 인지되지만 동양인은 '혐오'보다 눈을 더 크게 뜬 표정을 '분노'라고 파악하였다. 연구 논문은 '미국립과학원회보(PNAS)'인터넷판 16일 자에 실렸다.

	서양인	동양인
행복		
혐오		

분노		

중요
포인트
	• 표정 중 **입에 집중**
	• 분노와 혐오 : 눈 모양은 동일하며 **입을 좀
	  더 벌리는 쪽이 '혐오'**
		• 표정 중 **눈에 집중**
		• 분노와 혐오 : 혐오보다 **눈을 더 크게 뜬 표
		  정이 '분노'**

	• 문화권마다 감정을 읽는 방법에는 차이가 있음을 이해	

3 ○ 시선

사람들은 시선 맞춤(Eye Contact)을 통해 대화를 조절하고 지배 의지를 표현하며 상대방이 거짓말을 하는지 안 하는지 등을 파악한다. 눈 속에는 많은 정보가 담겨 있다. 눈은 신체의 초점이고 눈의 동공은 의식으로 통제할 수 없기에 눈에는 인간의 모든 의사소통 신호가 정확히 드러난다. 눈 맞춤을 피하면 자신감이 없고 진정성이 부족한 느낌을 줄 수 있다. 상황에 맞는 적절한 시선 맞춤(Eye Contact)으로 상대방에 대한 호감과 자신감 있는 응대 모습을 보여주는 것이 필요하다.

1 적절한 시선 처리

사교용 시선 범위 : 사교적인 만남에서 사람들은 상대의 얼굴에서 두 눈과 입 또는 턱 끝을 삼각형으로 연결하는 부분을 보는 시간이 90%를 차지한다. 얼굴에서 이 부분을 쳐다보는 것은 위협하는 느낌을 주지 않기 때문에 상대는 공격 의사가 없다고 판단하게 된다.

관심용 시선 범위	두 눈에서 턱 아래를 훑어보게 되면 상대방에 대한 관심의 표현으로 대화 시 이런 시선 처리는 자칫 이성적인 관심으로 오해를 받기 쉬우므로 공적인 자리에서는 주의해야 한다.
공격용 시선 범위	상대에게 무언의 심리적 압박을 가하고자 할 때 이마 중간부터 두 눈으로 시선 처리를 하면 상대가 하던 이야기를 멈출 정도로 압박을 느끼게 된다.

2 올바른 시선 처리

미소와 함께 정면을 바라보는 시선으로 상대방은 존중의 느낌까지 전달될 수 있다.

- 생각이 나지 않을 때 위쪽을 바라보는 시선
- 자신감이 없어 의기소침해 아래쪽을 향하는 시선
- 불만이 있거나 하고 싶은 말을 참으며 눈동자만 오른쪽 또는 왼쪽으로 향하는 시선
- 몹시 긴장한 상태에서의 눈동자 굴리기

4 제스처

1 손의 움직임

(1) 손의 움직임에 따른 결과

미국의 보디랭귀지 연구가인 앨런 피즈(Allan Pease)는 1989년 1,500명을 대상으로 팔짱을 끼고 강연을 듣는 실험자 집단과 그렇지 않은 집단으로 구분하여 강연이 끝난 후 강의 내용을 얼마나 기억하고 이해했는지 또한 강사에 대한 인상 정도가 어떤지를 물었다. 이때 팔짱을 낀 집단의 피실험자들이 그렇지 않은 피실험자들보다 강연에 대한 기억도가 38%나 떨어지고 강사를 좀 더 부정적으로 인식하며 강연내용에 대해서도 주의를 덜 기울이는 것으로 나타났다. 단순히 팔짱 끼는 것이 편하다고 하더라도 그런 상태로 상대방을 바라볼 경우 이런 부정적 결과가 나타난다.

(2) 세계의 손가락 언어들

미국인이나 캐나다인들과 이야기하다 보면 다양한 표정과 풍부한 제스처로 대화를 한다는 것을 알 수 있다. 상황에 맞는 제스처는 자신의 생각과 감정을 더욱 풍부하게 전달해주는 역할을 한다.

[손가락 제스처가 나타내는 의미]

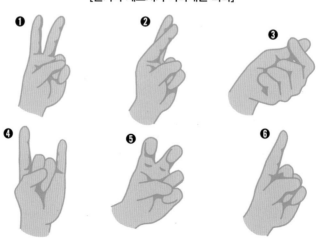

❶ 두 손가락으로 만든 V는 '승리','평화'를 뜻한다.
❷ 검지와 중지를 꼬는 듯한 제스처는 자신이 무언가를 바랄 때 '행운을 빕니다'를 뜻한다.
❸ 주먹을 쥔 상태에서 엄지와 검지로 V를 만든 후 손가락이 맞닿는 부분을 두세 번 빠르게 교차하면 '돈'을 뜻한다.
❹ 검지와 새끼손가락만 세운 제스처는 '마음껏 즐겨'를 뜻한다.
❺ 양손의 검지와 중지를 구부렸다 폈다를 2회 정도 연달아 반복하면 말하고 있는 동안 누군가의 말을 인용할 때 쓰이거나 과장된 말을 장난으로 할 때 사용된다.
❻ 검지 하나만 세운 상태에서 좌우로 흔드는 제스처는 'NO','좋지 않아'를 뜻한다.

② 발의 움직임

사람들은 표정 관리를 할 생각은 하지만 다리나 발 모양을 꾸밀 생각은 하지 않는다. 마음이 불안하고 거짓을 이야기할 때 다리를 떤다든지 발을 움직이는 등의 하체의 움직임도 크게 나타난다. 이런 행동들은 상대방도 같이 불안하게 해서 대화의 몰입을 방해하게 된다. 심리적으로 사람들은 여러 사람과 이야기를 나눌 때 서 있는 사람의 발끝은 가장 호감이 가는 사람에게 향하고 대화를 나눌 때 다리를 꼬고 앉았을 때는 호감 가지 않는 사람에게 발바닥이 향하기도 한다.

잠깐! 🔍 알아두기   ○○○

현장에서 고객을 대할 때 주의해야 하는 행동

- 팔짱을 끼고 서서 짝다리를 짚는 태도
- 묻는 말에는 답을 하지 않고 고개만으로 응답하는 태도
- 목이나 몸통을 사용하지 않고 말로만 인사하는 태도
- 대화할 때 손으로 턱을 괴는 태도
- 뒷짐을 지고 서서 응대하는 태도
- 방향을 가리킬 때 고개짓으로 지시하는 태도

1 성격 유형과 커뮤니케이션

1928년 미국의 컬럼비아대학 William Mouston Marston 교수가 개발한 DISC 행동유형 모델은 인간이 환경을 어떻게 인식하고 그 환경 속에서 자신의 힘을 어떻게 인식하느냐에 따라 4가지 형태로 행동하게 된다고 하였다. 이를 바탕으로 인간의 행동을 주도형, 사교형, 안정형, 신중형, 즉 DISC 행동유형으로 분류하고 있다. DISC 행동유형을 통해 자신의 행동유형과 강점을 알고 이를 활용할 수 있으며 타인의 행동을 이해하고 다른 사람과 효과적으로 상호작용할 수 있다. 자신에게 맞는 갈등관리, 대인관계 유지, 학습 방법을 발견할 수 있다.

1 다름에 대한 이해

성격 특성 관점	개인이 태어나면서부터 타고난 고유한 성질, 심리적인 경향을 성격이라고 하며 성격 특성에 따라 차이(다름)가 생김
행동 특성 관점	사람이 환경을 어떻게 인식하고 그 환경 속에서 자기 자신을 어떻게 인식하느냐에 따라 행동유형을 구분하며 차이(다름)가 생김

2 DISC 행동유형의 특징

(1) D - 주도형

① 빠른 결과를 얻고 싶어 한다.
② 의사결정을 쉽게 빠르게 내린다.
③ 짧게 요점을 말한다.
④ 목소리가 크고 자신감이 있다.
⑤ 고전 접근방식을 취한다.

(2) I - 사교형

① 첫인상이 호의적이고 친절하다.
② 잘 웃고 명랑하고 활기차 보인다.
③ 말을 먼저 하거나 대화하는 것을 좋아한다.
④ 목소리의 높낮이에 변화가 있다.

D - 주도형

I - 사교형

⑤ 감정교류가 있으며 즉흥적 결정을 잘한다.

(3) S – 안전형

① 부드럽게 말하고 인상이 편안하다.

② 말하기보다 주로 말을 듣는 경향이 있다.

③ 목소리가 작은 편이고 강약의 변화가 적다.

④ 인내심이 있어 남의 이야기를 잘 들어준다.

⑤ 제스처를 많이 쓰지 않는다.

S – 안전형

(4) C – 신중형

① 정확한 자료, 정보를 듣기 원한다.

② 사무적인 말투로 표현한다.

③ 세부 사항에 신경을 많이 쓴다.

④ 조심스럽고 조용하며 예의 바르게 다가온다.

⑤ 말을 먼저 하기보다는 궁금한 것을 질문한다.

C – 신중형

잠깐! 알아두기 ○○○

도식으로 보는 성격유형

주도형	사교형
• 빠른 결과를 원함 • 의사결정을 쉽게 빠르게 내림 • 짧게 요점을 말함 	 • 첫인상이 호의적이고 친절함 • 잘 웃고 명랑하고 활기참 • 목소리의 높낮이에 변화가 있음
• 부드럽게 말하고 인상이 편안함 • 말하기보다 주로 말을 듣는 경향이 있음 • 인내심이 있어 남의 이야기를 잘 들어줌 	 • 정확한 자료, 정보 듣기를 원함 • 사무적인 말투로 표현함 • 조심스럽고 조용함
안정형	신중형

2 ● DISC 고객 유형별 고객 응대 방법 및 유의사항

◼ D – 주도형

(1) D – 주도형 고객 응대 방법

① 직접적인 대답, 요점을 제시한다.
② 결과물을 강조한다.
③ 옵션과 기능성을 제시하는 것이 좋다.
④ 사실, 상태, 아이디어에 동의한다.
⑤ 두서없이 말하는 것을 피하는 것이 좋다.
⑥ 요약하고 종료한다.

(2) D – 주도형 고객 응대 유의사항

① 우유부단함을 보이지 않아야 한다.
② 지나치게 친근함을 보이지 않는 것이 좋다.
③ 지나치게 일반화하지 않는 것이 좋다.
④ 너무 자세한 자료를 제공하지 않는다.
⑤ 말을 너무 많이 하지 않는 것이 좋다.
⑥ 고객을 대신해 결정을 내리지 않는다.

◼ I – 사교형

(1) I – 사교형 고객 응대 방법

① 새롭고 특별한 것임을 강조해야 한다.
② 명료하게 설명해야 한다.
③ 전문가의 추천임을 강조하는 것이 좋다.
④ 충분한 대화를 주고받을 기회를 제공해야 한다.
⑤ 열정적으로 되어야 한다.
⑥ 편하고, 친근하고, 따뜻하게 대해야 한다.

(2) I – 사교형 고객 응대 유의사항

① 사교적인 언급을 무시하지 않아야 한다.
② 고객이 제안하거나 끼어드는 것을 막지 말아야 한다.
③ 지나친 세부 사항을 언급하지 말아야 한다.
④ 차갑게, 묵묵하게 있지 말아야 한다.

⑤ 지나친 거리감을 주지 않도록 유의한다.

③ S – 안전형

(1) S – 안전형 고객 응대 방법

① 인간적인 진정성 있는 관심을 표명하는 것이 좋다.

② 꾸준하게 정기적 접촉을 유지하는 것이 좋다.

③ 결정에 따르는 위협요인을 최소화할 방안을 제시하고 확신을 심어주도록 한다.

④ 참을성 있게 구매목표를 끌어내고, 목표 달성을 도와주도록 한다.

(2) S – 안전형 고객 응대 유의사항

① 지나치게 직설적으로 말하지 않는 것이 좋다.

② 내 요구, 주장을 강하게 내세우지 않아야 한다.

③ 일을 너무 빠르게 진행하지 않는 것이 좋다.

④ 갑작스럽게 제안하지 않는 것이 좋다.

⑤ 너무 자세하게 설명하지 않도록 한다.

④ C – 신중형

(1) C – 신중형 고객 응대 방법

① 고객의 예상 질문에 철저히 대비해야 한다.

② 작은 것이라도 약속을 꼭 지킬 수 있도록 한다.

③ 고객의 자료, 정보를 비교 검토할 시간을 주고 반응을 기다리는 자세가 필요하다.

④ 고객이 동의하지 않는다면 왜 그렇게 생각하는지 예의를 갖추어 질문하도록 한다.

(2) C – 신중형 고객 응대 유의사항

① 너무 개인적인 질문을 하지 않는 것이 좋다.

② 지나치게 친근하게 행동하지 않는 것이 좋다.

③ 감성에 호소하는 접근을 하지 않도록 한다.

④ 근거 없는 주장을 하지 않도록 한다.

⑤ 고객이 하는 질문을 사소하게 여기지 않도록 한다.

1 나의 행동유형 분석 셀프 체크

문항별 ▨ 점수 칸에 해당하는 점수(1~5점)을 써 넣으세요.

기준	1. 전혀 그렇지 않다.	2. 그렇지 않다.	3. 보통이다.	4. 그렇다.	5. 정말 그렇다.

No	문항	A	B	C	D
1	매사 활동적이며 활기차다는 소리를 자주 듣는다.	▨			
2	예측 가능한 일을 선호한다.			▨	
3	어떤 일을 하더라도 체계적이며 질서정연하다.				▨
4	평소 걱정을 크게 하지 않으며 매사 낙천적이다.		▨		
5	모임 등의 조직 생활에서 말수가 없고 내성적이다.			▨	
6	나는 예의를 중하게 여기며 예의 없는 사람이 싫다.				▨
7	사람들에게 박수받고 인정받는 것이 좋다.	▨			
8	확신이 있다면 도전하고 끝까지 간다.	▨			
9	부드럽고 따뜻하게 말을 한다.			▨	
10	의심 없이 사람 말을 잘 믿는다.		▨		
11	같이 일하는 사람이 느리거나 잘못하면 직접 하는 게 편하다.	▨			
12	회의나 모임 등 참석 시 미리 할 말을 생각해 가고 또 그런 자리에서 말을 잘한다는 소리도 자주 듣는다.	▨			
13	큰 변화 없는 평범하고 안정된 삶이 좋다.			▨	
14	칭찬을 받으면 일할 맛이 난다.		▨		
15	상대가 원하고 좋아한다면 약간의 희생과 양보도 어렵지 않다.			▨	
16	돌려서 말하는 사람을 보면 답답하고 핵심만 말하는 사람이 좋다.	▨			
17	많은 사람과 어울리는 것이 좋고 많은 사람 앞에서 말하는 것이 부끄럽지 않고 오히려 즐겁고 좋다.	▨			
18	하고 싶은 말이 있어도 잘 참을 수 있고 굳이 말하고 싶지도 않다.				▨
19	결과나 성과에 큰 영향을 준다면 상대방의 마음이 상하더라도 내가 해야 할 말은 꼭 전달한다.	▨			
20	상대방의 마음이 다칠 것이 걱정되어 하고 싶은 말을 많이 참는다.			▨	
21	혼자보다는 모임이나 조직의 구성원이 좋다.		▨		

번호	문항					
22	불필요한 상황에서의 변화는 의미가 없지만 필요한 상황이라면 기꺼이 변화가 가능하다.					■
23	주변 사람들로부터 냉정하다는 평가를 자주 듣는다.	■				
24	처음 보는 사람과도 친해질 수 있다.				■	
25	사람들에게 주목받는 것이 나쁘지 않고 모임이나 조직에서 인기 있는 사람이 되고 싶어 노력도 한다.			■		
26	감정을 겉으로 나타내지 않으려 노력하고 감정 관리를 잘하려 노력한다.					■
27	내 일에 도움이 되는 것이라면 새로운 시도와 혁신이 어렵지 않다.					■
28	어려운 상황의 사람을 보면 꼭 도와줘야 하고 양보와 배려가 어렵지 않다.					■
29	승패가 있는 경기일 때 결과보다는 진행되는 과정에서의 다양한 재미가 더 중요하다.			■		
30	내가 내린 결론에 반대가 있으면 안 되고 사람들에게 "맞다"라는 말과 지지를 받아야 좋다.				■	
31	나의 도움을 받고 상대가 기뻐하고 감사해 하면 나는 더 행복하고 기분이 좋다.	■				
32	어떤 일이든 뒤에서 지켜보는 것보다는 앞장서서 내가 일을 추진, 진행하는 것이 좋다.	■				
33	무엇이든 지시가 있을 때는 구체적이고 상세한 설명이 주어져야 일을 시작할 수 있다.					■
34	사람들은 나와 같이 있으면 즐겁고 재미있다. 분위기 메이커라는 말을 자주 한다.			■		
35	다양한 변수가 있고 예측이 어려운 일은 거부감이 들고 불가능보다 예측 가능한 과정을 선호한다.				■	
36	무엇이든 결과를 의식하고 결과에 따른 성과를 항상 의식하며 임한다.	■				
37	필요하다면 기분이 언짢아도 그 가르침을 잘 수용할 수 있다.				■	
38	어떤 결정을 앞두고 오래 고민하기를 싫어한다.				■	
39	낯선 환경과 낯선 사람들 앞에 서는 것이 크게 불편하지 않다.			■		
40	내 결정이 틀렸을 때 잘못을 즉각 인정할 수 있으며 좋은 경험이었다고 생각한다.	■				
41	목표가 주어지면 반드시 이루기 위해 노력하고 이루고 만다.					■
42	주변 사람들이 나의 영향을 받는 편이다.			■		
43	친절하고 상냥하며 온순하다는 말을 많이 듣는다.			■	■	
44	누가 시켜서 하는 것은 싫고 내가 선택해야만 한다.	■				
45	조용한 것이 좋고 때로는 선택적 고독을 즐긴다.					■
46	나 하나보다는 가족이나 친구 모임, 조직의 화합을 더 생각하고 돕는다.			■		
47	나의 말은 설득력이 높고 말싸움에도 자신이 있다.		■			

번호	내용					
48	매사 선택과 결정이 빠른 편이며, 말과 행동, 결정 짓기 등이 느린 사람을 보면 답답하다.	■				
49	무엇이든 합리적이고 논리적인 접근의 결정이 중요하다고 생각하고 나 역시 그렇게 행동하는 것을 좋아한다.					■
50	비교적 인기가 많은 편이며 모임과 약속이 많고 회식 자리 초대도 많다.		■			
51	공과 사를 구분해야 하고 객관적 평가로 공정하게 일 처리를 하며 주어진 일의 완성도를 높이기 위해 노력한다.					■
52	나는 나 자신의 능력을 믿고 용감하고 자신감 있게 행동한다.	■				
53	다수의 의견에 부정, 저항하지 않고 비교적 잘 순응하려고 한다.				■	
54	관찰력이 뛰어나며 오랜 시간 지켜보고 신중하게 선택한다.					■
55	크게, 자주 흥분하지 않고 서두르지 않는다.				■	
56	어떤 자리에서는 분위기를 좋게 만든다.		■			
57	규칙 준수를 선호하며 건전하고 올바르게 행동하려 한다.					■
58	느긋한 편이며 걱정을 오래 하기 싫어한다.				■	
59	변수나 돌발상황에도 확신이 있다면 물러서지 않고 자신 있게 행동한다.	■				
60	주변에서 까다롭다는 말을 자주 한다.					■
61	농담과 장난치기를 즐겨한다.		■			
62	매사 염려하고 걱정하고 꼼꼼하게 체크하는 타입이다.					■
63	남의 말에 영향을 잘 받고 쉽게 흔들린다.				■	
64	일할 때에도 밝은 에너지로 조직 안에 긍정적 영향을 준다.		■			
65	도전 상대가 있을 때 업무효율이 오르고 의욕이 넘친다.	■				
66	사람을 잘 믿고 잘 속는 편이다.			■		
67	다른 조직 사람들과도 친하게 잘 지내는 편이다.			■		
68	무엇이든 꼼꼼하게 치밀하게 따져본다.					■
69	남에게 지는 것이 싫고 경쟁하는 것이 나쁘지 않다.	■				
70	타인의 잘못을 크게 비난하지 않고 관대한 편이며 부탁 시 거절을 잘 못 한다.				■	
71	충동적 시작이 많고 그것을 즐긴다. 반면 마무리가 약한 편이다.	■				
72	많은 사람의 주목에 거부감이 있으며 혼자 일하고 혼자 행동하는 것을 선호한다.					■
73	의지가 강한 반면에 다소 고집이 있으며 독단적이기도 하다.	■				
74	무엇이든 사람들과 함께 나누는 것을 좋아한다.				■	
75	친절하고 편안하게 해주려 노력한다.		■			
76	배짱이 있고 일할 때 대담한 편이다.	■				

77	협동을 좋아하며 동료애를 중요시한다.			■	
78	압력과 스트레스가 오면 공격적 태도를 보인다.	■			
79	불필요한 논쟁이 싫고 그런 일이 생기지 않게 하려 노력한다.				■
80	대화 시 나의 감정표현을 잘 한다.		■		

※ 세로열 A항, B항, C항, D항의 총 합계를 써 보세요

	A	B	C	D
총 합계				

결과

총합계의 점수를 비교

- A 점수가 높은 경우 D형
- B 점수가 높은 경우 I형
- C 점수가 높은 경우 S형
- D 점수가 높은 경우 C형

3 ⌁ 세대 간 커뮤니케이션

각 기업은 정기적·비정기적 채용을 통해 부족한 인력을 충원하고 인재를 키워낸다. 그런데, 최근 한국 사회는 큰 고민에 빠졌다. 신입사원들의 모습이 이전에 보았던 직원들과 전혀 다른 모습을 보이기 때문이다. 자신이 하고 싶은 말은 거침없이 하고 분위기 쇄신을 목적으로 회식이라도 한 번 하려고 해도 쉽지 않다. 게다가 어렵고 좁은 취업문을 통과했음에도 사직서를 던지고 퇴사하기도 한다. 과연 이 세대에 문제가 많아서인지를 생각해 볼 필요가 있다.

■ 세대 간 소통의 필요성

(1) MZ세대와 기성세대

1) MZ세대

1980년대 초~ 2000년대 초 출생한 밀레니얼 세대와 1990년대 중반 ~2000년대 초반 출생한 Z세대를 아우르는 말이다. 이들은 시대 변화에 가장 빨리 반응하며 주도해 나가고 있다.

2) 기성세대

MZ세대와 갈등을 겪고 있는 기성세대는 사회적으로 가장 영향력이 크다고 할 수 있는 기성세대이다. 기성세대는 베이비붐 세대로 불리는 1955년~1964년생들로 세계적으로 전례를 찾기 힘들었던 한국 경제의 초고속 성장기를 이끈 세대들이다. 국가 발전에 큰 기여를 한 세대라고 해도 과언이 아니다.

(2) MZ세대와 기성세대의 선호 업무방식

대부분의 언론은 기성세대와 새로운 세대 간의 차이나 갈등만을 부각해왔다. 하지만, 기업들은 세대 간의 차이가 업무상 문제로 크게 나타나고 있지는 않다고 한다. 기성세대와 새로운 세대 간 소통방식의 차이는 있지만, 이것이 업무적으로 큰 문제가 될 정도는 아니라는 것이 대다수의 의견이다.

[세대 간 선호 업무방식]

MZ세대	• 상호 존중과 업무에 대한 이해 및 설명 등의 업무방식에 관심을 가지고 있다. • 유연한 소통방식을 선호한다.
기성세대	• 수직적인 구조에 익숙하다.

② 기성세대 이해하기

(1) 변화하는 기업문화

기업에서는 직급별 교육을 할 때 소통 교육에 대한 비중을 높게 설정해 관리자로서 반드시 보유할 역량으로 정하고 이전의 상사가 일방적으로 업무를 지시하거나 직원들의 목소리에 관심을 쏟지 않던 모습에서 직원들의 의사를 존중하고 열린 자세로 의견을 들으려는 모습으로 변화하고 있다.

(2) 기성세대의 세부 특징

① 기성세대 입장에서는 변해가는 일터의 모습이 다소 억울하게 느껴질 수도 있지만, 기업문화 변화의 필요성에는 공감하고 있는 모습이다.
② 기성세대들은 기업에서 중요시하는 소통 교육을 문제 삼는 것이 아니라 스스로 바꾸기 위한 태도의 변화가 필요하다고 보는 것이다.
③ 기성세대는 변화하는 것에 익숙하지 않아 많이 망설인다.
④ 매사를 조심스럽게 접근하고 끊임없이 생각하는 타입이다.

③ MZ세대와 기성세대의 세대공감을 위한 갈등 해결 방안(다가가기)

(1) 세대 간 간극 좁히기를 위해 노력하는 자세

조직 내에서 유연한 소통방식을 선호하는 MZ세대와 수직적인 구조에 익숙한 기성세대 구성원 간 소통방식이 달라서 갈등이 일어나는 것은 당연한 일이다. 따라서 세대 간 갈등을 좁히는 방법으로는 개인과 업무를 분리해서 바라보고 소통방식에서 나타나는 문제의 간극을 좁히도록 노력하는 것이 필요하다.

(2) 이해를 통한 편견 없는 자세

두 세대 간에는 차이점도 있지만, 유사점도 많은데 미리 '저 사람들은 나와 다를 거야'라는 편견을 갖게 되는 경우가 있는데 세대 간에 발생할 수 있는 편견을 없애고 상호 간의 이해를 깊게 하려면 보이지 않는 벽을 허무는 것도 필요하다. 이를 위한 방법으로 '회식이나 단합 대회를 자주 하면 친해질 거야' 식의 단순한 접근은 곤란하며 좀 더 깊이 있는 접근이 필요하다.

(3) 세대 간 활발한 교류로 인한 시너지 효과 확보

경험이 많은 기성세대는 사업과 경영에 대한 지식을 많이 보유하고 있고 새로운 MZ세대(신세대)들은 디지털 문화에 대한 지식과 감각이 발달해 있다. MZ세대(신세대)와 기성세대 간의 활발한 교류를 통해 상호 학습하여 시너지 효과를 확보하고 세대 간 이해의 폭을 넓히는 방안이 필요하다.

(4) MZ세대의 팔로워십과 기성세대의 리더십의 조화

평소에 여러 세대가 함께 부딪치며 즐거운 일터로 만들어가는 노력이 필요한 것이다. 신세대 구성원들의 팔로워십도 중요하다. 신세대들은 무조건 기존의 방식에 비판적이기보다는 후배의 입장에서 그간 조직을 이끌어 왔던 핵심적인 가치들을 열린 마음으로 받아들여야 한다. 또한 조직이 바라는 바람직한 인재에 부합할 수 있도록 끊임없이 스스로를 단련해 나가야 한다.

기성세대의 리더십과 신세대의 팔로워십이 조화를 이룰 때 세대 차이는 귀중한 자산이 되어 그 빛을 발할 것이다.

❹ 통계로 알아보는 세대 차이

직장인 79.4% 상사·부하직원과 세대 차이 느낀다.

(1) 세대 차이를 느낀 상황

① "나 젊었을 때는 말이야"라고 이야기를 시작할 때
② 출퇴근 시간, 인사방식 등 태도에 대한 견해가 다를 때
③ 줄임말, 신조어 등 유행어를 이해하지 못했을 때
④ 인스타 핫플 VS 재테크, 관심사가 다를 때
⑤ 회식 음주문화가 다를 때

[통계적으로 본 세대 차이]

직장인 766명(자료제공: 사람인)

| 직장 내 세대차이 경험 있다 79.4% | 없다 20.6% |

Q 주로 어떤 상황에서 경험했습니까?(복수선택)

순위	상황	비율
1위	"나 젊었을 때는 말이야"라고 이야기를 시작할 때	54.1%
2위	출퇴근시간, 인사방식 등 태도에 대한 견해가 다를 때	46.7%
3위	줄임말, 신조어 등 요즘 유행어를 이해하지 못할 때	33.75
4위	인스타 핫플 VS 재테크, 관심사가 다를 때	27.5%
5위	회식음주문화가 다를때	23.7%

Chapter 04 커뮤니케이션 스킬 향상을 위한 연습

1 커뮤니케이션의 중요성

우리는 학교, 직장, 이웃 및 새로운 사람들과의 만남의 연속에서 원만한 소통으로 좋은 인간관계를 형성하고 나의 능력을 인정받고 싶어 한다. 그런데 커뮤니케이션 능력이 부족하면 내가 가지고 있는 열정과 진정성이 아무리 커도 제대로 된 평가를 받지 못할 수도 있다. 해가 거듭될수록 성공적인 사회생활에서 반드시 필요한 능력 중 자기 표현능력의 중요성은 아무리 강조해도 지나치지 않으며 특히 커뮤니케이션 능력은 그 중요성이 더해지고 있다.

2 목소리 트레이닝

호감 가는 이미지 형성에 중요한 요소인 또렷한 발음과 울림 있는 목소리는 말의 내용을 분명하게 전달하는 데 큰 도움이 된다. 안정감 있는 호흡, 울림 있는 발성 그리고 또렷한 발음 속에 진심을 담은 내용은 반드시 갖추어야 할 커뮤니케이션 스킬 중의 하나이며 이 스킬 향상을 위해 평소 나의 말의 속도, 발음, 목소리 톤 등을 점검해 보는 자세가 필요하다.

1 말의 속도

평소에 다른 사람들과 대화할 때 설명을 여러 번 다시 해야 하는 경우가 있거나 상대방이 나의 얘기를 듣다가 "네?/ 뭐라고요?"라는 반응을 자주 받게 된다면 자신이 대화할 때의 나의 말 속도는 어떠한가를 점검해 보아야 한다.

(1) 대화 시 말 속도가 빠른 사람

대화 시 말 속도가 빠른 사람은 빠른 속도만큼 급한 성격의 소유자인 경우가 있다.

[급한 성격 소유자의 장·단점]

장점	단점
• 답답함 없이 시원시원한 소통을 할 수 있다. • 상대방을 집중하게 만든다. • 쾌활하고 적극적으로 보인다.	• 숨이 차고 불안해 보인다. • 전달력이 떨어질 수 있다. • 자기주장이 강해 보인다.

(2) 대화 시 말 속도가 느린 사람

대화 시 말 속도가 느린 사람은 심적으로 고요한 상태이며 편안한 성격의 소유자인 경우가 있다.

[다소 느긋한 성격 소유자의 장·단점]

장점	단점
• 전달력이 좋다. • 교양있고 전문성 있게 들리곤 한다. • 여유가 느껴진다.	• 답답한 느낌을 주기도 한다. • 집중력이 떨어진다. • 단조로운 톤은 지루함을 느끼게 한다.

(3) 말의 속도 조절을 위한 방법

① 먼저 평소 자신의 말 속도가 어떠한지를 파악한다.
   → 오랫동안 해온 습관이기 때문에 꾸준한 연습을 통해 고쳐나갈 수 있으므로 자신의 목소리를 녹음해 연습 과정 중 확인한다.
② 자신의 말이 빠르다면 지나칠 정도로 느리게 또박또박 연습해 보고, 자신의 말이 너무 느리다면 의미 단락별로 짧게 끊어서 선명하게 들리도록 연습한다.
   → 특히 말의 속도를 조절하기 위해서는 끊어 읽는 포즈(Pause)가 매우 중요하다.
      한 박 쉬기(,쉼표에서), 두 박 쉬기(.마침표에서), 숨만 쉬고 넘어가기(∨)를 구분해 연습해 본다.

② 정확한 발음

평소 전달력 높은 정확한 발음을 하고 있는가를 생각하면서 말하고자 하는 내용의 글자 한 자 한 자 정성스럽게 말하는 연습을 한다.
① 먼저 입을 최대한 위아래로 크게 벌리는 연습을 하고 아래턱과 위턱이 떨어져 입안의 공간을 충분히 확보할 수 있는지 확인한다.
② 조음기관인 입술, 턱, 혀가 부지런히 움직여 발음할 수 있도록 노력한다.
③ 정확한 발음은 모음의 발음이, 또렷한 느낌의 발음은 자음이 좌우하므로 음절 하나하나 정확히 소리내기 연습을 한다.

③ 안정적이고 신뢰감 있는 목소리 톤

평소 울림이 있고 안정적이며 신뢰감 있는 목소리로 소통하는가를 생각해 본다.
① 좋은 자세와 밝은 표정에서 신뢰감 있는 목소리를 만들어 낼 수 있다.
② 내 쉬는 호흡에 소리를 전달하는 것이므로 복식호흡을 활용하면 더욱 효과적으로 울림이 있는 소리를 만들 수 있다.

4 안정된 호흡을 위한 복식호흡

자신의 호흡을 자유롭게 활용하고 안정된 호흡으로 말하기 위해서 복식호흡을 연습한다.

① 몸통 전체에 숨을 가득 채운다는 느낌으로 숨을 들이마실 때 아랫배를 불룩 부풀리는 느낌으로 숨을 들이마셔 본다.

② 내 쉬는 호흡을 길게 할 수 있도록 반복 연습하고 떨리지 않고 안정적이고 긴 소리내기 연습을 병행한다.

[복식호흡 들이마시기와 내쉬기]

 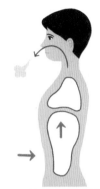

복식호흡 들이마시기   복식호흡 내쉬기

잠깐! 알아두기

흉식호흡

흉식호흡을 이용할 경우, 목과 어깨에 힘이 들어가 얇고 납작한 느낌의 소리가 만들어져서 전달력이 떨어지고 유아스러운 느낌과 책을 읽는 듯한 전문 서비스인답지 않은 이미지를 줄 수 있다.

5 업무 현장에 적합한 목소리 톤

생활 속에서 형성된 습관은 목소리 톤에도 큰 영향을 준다. 평소 업무 현장에 적합한 목소리 톤으로 소통하고 있는가를 생각해 보면서 업무 현장에 적합한 목소리 톤을 체크하여 목소리 톤의 높낮이를 조절하도록 연습해 본다.

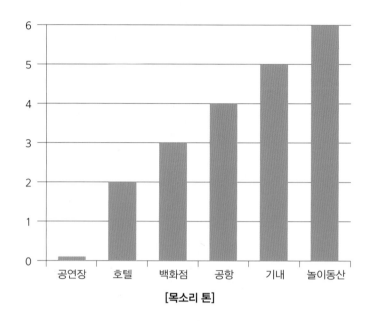

[목소리 톤]

(1) 1단계 실내 공연장

[실내 공연장 예시문]

오늘도 저희 연주회장을 찾아주셔서 대단히 감사합니다. 원활한 공연 진행을 위해 안내 말씀드리겠습니다. 공연 중에는 휴대전화의 전원을 꺼 주시고, 사진 및 동영상 촬영은 금지됩니다. 즐거운 시간 보내시기를 바랍니다. 감사합니다.

(2) 2단계 호텔 프런트 데스크

[호텔 프런트 데스크 예시문]

안녕하십니까? 예약하신 분의 성함을 알려주시기 바랍니다. 먼저 성함과 연락처를 기입해 주시고 고객님의 신용카드를 부탁드리겠습니다. 저희 직원이 객실까지 안내해 드리겠습니다. 편안한 시간 보내시기 바랍니다.

(3) 3단계 면세점, 백화점

[면세점, 백화점 예시문]

어서오십시오, 손님. 무엇을 도와드릴까요? 도움이 필요하시면 언제든지 말씀해 주세요. 제가 안내해 드리겠습니다.

(4) 4단계 열차 내, 공항 체크인 카운터

[열차 내, 공항 체크인 카운터 예시문]

손님, 지금부터 뉴욕행 항공기의 탑승을 시작하겠습니다.
탑승권과 여권을 준비해 주시기 바랍니다.

(5) 5단계 항공기 내

[항공기 내 예시문]

실례합니다, 손님. 저녁 식사 준비해 드리겠습니다. 음료는 어떤 것으로 드시겠습니까? 네, 레드 와인 준비해 드리겠습니다. 맛있게 드십시오.

(6) 6단계 야외 리조트, 테마파크

[야외 리조트, 테마파크 예시문]

여러분, 환영합니다. 모험의 나라로 신나게 떠나볼까요?

3 고객과의 커뮤니케이션 실전

1 고객과의 커뮤니케이션 기본원칙

① 고객과의 커뮤니케이션은 나와 우리가 아닌 상대 즉 고객에 초점을 맞춘다.
② 고객이 말하는 속도가 느리면 약간 느리게, 빠르면 나도 빠르게 조절해서 대화를 나누어야 하며 상대의 눈높이에 맞추어 맞는 용어와 표현 방법을 사용한다.
③ 정중한 용어와 단어로 응대한다.
④ 불필요하게 반복하거나 장황한 설명으로 대화가 지루해지지 않도록 주의하여 간결하고 논리적으로 전달하는 것이 매우 중요하다.
⑤ 관련된 사실만 표현하고 평소 단문으로 이야기하고 결론부터 말하고 부연 설명을 이어가는 등 간결하게 말하는 연습을 한다.
⑥ 속도, 억양, 성량을 고객이 듣기 편하도록 조절한다.
⑦ 누구라도 알아들을 수 있는 쉬운 어휘나 용어를 사용한다.
⑧ 대화는 말을 잘하는 것보다 고객이 잘 알아듣도록 말하는 것이 더 중요하다.
⑨ 전문용어의 사용은 자제하고 이해하기 쉬운 용어로 명확하게 전달한다.
⑩ 대화할 때 표현은 같은 내용이라도 사용하는 어휘의 표현에 따라 전달되는 이미지가 달라진다.

⑪ 친밀감을 주면서도 정중한 표현을 사용한다.

⑫ 속어나 은어처럼 특정 집단이 사용하는 말이나 지나친 농담이나 줄인 말 등의 사용은 감하고, 품위 있게 대화할 수 있도록 노력한다.

잠깐! 🔍 알아두기   ○○○

고객과 대화 시 유의사항

• 대화 시작 전부터 밝은 마음과 미소로 준비!!
• 고객과의 아이콘택트는 기본 중의 기본!!

---

4 ○ 상황별 예시문

■1 고객과의 서비스 현장

(1) 고객을 맞이할 때

• 안녕하십니까?	• 무엇을 도와드릴까요?
• 이쪽으로 오시겠습니까?	• 탑승권을 확인해 드리겠습니다.
• 협조해 주셔서 감사합니다.	• ○○○ 님, 우리 부서에는 처음 방문하셨나요?

(2) 고객을 칭찬할 때

• ○○○ 님이시군요. 넥타이가 참 잘 어울리시네요.
• 고객님은 역시 제 생각대로 자녀 교육에 관심이 많으시군요.
• 고객님이 이해가 빠르셔서 제가 설명해 드리기가 참 수월했습니다.

■2 직장업무 현장

(1) 업무 요청을 받았을 때

• 네, ○○과 관련된 업무 처리에 대한 말씀이시죠?
• 잘 알겠습니다, 과장님. 자료수집 후 중간 보고드리겠습니다.
• 대리님, 제가 김 과장님 지시로 처리 중인 일이 있습니다. 내일까지 보고드릴 예정인데 보고 후 맡겨 주신 업무를 수행해도 괜찮으시겠습니까?

(2) 상대방에게 질문이나 부탁을 할 때

• 죄송합니다만 ∼	• 불편하시겠지만 ∼
• 번거로우시겠지만 ∼	• 다시 한번 말씀해 주시겠습니까?

3 기타

(1) 재촉을 받을 때

- 네, 정말 죄송합니다. 최대한 빨리 처리해 드리겠습니다.
- 죄송합니다만, (   )분만 더 기다려 주시겠습니까?

(2) 업무 처리 후

- 더 필요하신 점은 없으십니까?
- 더 궁금하신 점 없으십니까?
- 받으신 정보에 대해서 더 궁금하신 점은 없으십니까?

(3) 배웅 시

- 또 뵙게 되길 바랍니다. 안녕히 가십시오.
- 궂은 날씨에 오시느라 수고 많으셨습니다. 조심해서 가십시오.

(4) 열차 내에서

- 제가 고단한 고객님을 깨운 게 아닌지 걱정이 되네요. 혹시나 가시는 목적지를 지나치지 않으셨는지 염려했어요. 승차권을 한번 확인해 드려도 될까요?
- 아까 주무시고 계셔서 승차권 확인을 하지 못했습니다. 승차권 확인해 드리겠습니다.

잠깐! 알아두기 ○○○

용어 사용의 실제 예

바람직하지 못한 용어	바람직한 용어
나, 내가	저, 제가
누구죠? 누구시죠?	누구신지요?
좀 기다리세요	잠시만 기다려 주시겠습니까?
안 됩니다. 안 돼요	곤란합니다.
다시 전화하세요.	다시 전화해 주시겠습니까?
네, 알았어요.	네, 알겠습니다.
모르겠는데요.	죄송합니다만, 잘 모르는 부분이 있습니다. 확인해 보겠습니다.
자리에 없어요.	자리에 안 계십니다.
같이 온 사람	함께 오신 분
없습니다.	조금만 기다려 주시면 제가 찾아보고 안내해 드리겠습니다.
물어보겠습니다.	여쭤보고 안내해 드리겠습니다.

① 대화법

커뮤니케이션	• 발신자와 메시지, 수신자로 이루어지는 과정
기업에서 요구하는 커뮤니케이션 능력	• 선호하는 A자형 인재 특징–깊이 있는 전문 지식뿐만 아니라 다른 분야에 대해 상식과 포용력을 가지고 다른 사람과의 소통, 배려, 팀워크를 가진 인재
원활한 커뮤니케이션을 위한 기본 원칙	• 경청 : 상대방의 입장에서 듣고 반응하는 것 • 공감 : 상대방을 존중하고 공감하는 것 • 표현 : 나의 생각을 진정성 있게 표현하는 것

② 언어적 커뮤니케이션 스킬

(1) 언어적 커뮤니케이션 스킬

① 커뮤니케이션의 기본으로 정보와 의사전달에 가장 많이 사용되는 방법이다.

• 정확하게 말하기	• 단어를 정확하게 발음하기	• 천천히 말하기
• 목소리 가다듬기	• 목소리에 생기 불어넣기	• 알맞은 목소리 크기로 말하기

(2) 활용 가능한 커뮤니케이션 스킬

① 신뢰 화법 : '다까체'와 '요조체' 적절하게 활용

② 쿠션 화법 : 양해를 구하거나 거절, 부탁할 때 부정적인 감정을 줄일 수 있는 화법

③ 레이어드 화법 : 청유형, 의뢰형 표현

④ 긍정 화법 : 긍정적인 부분을 중심으로 표현

⑤ 맞장구 화법 : 상대방의 이야기에 관심이 있다는 것을 표현

⑥ 개방적 표현 : 개방적인 자유 형태의 답변을 들을 수 있는 질문

⑦ 완곡한 표현 : 상대와의 대화를 부드럽게 이어나가기 위한 표현

⑧ Yes & But 화법 : 부정형 화법으로 상대 의견 먼저 수용한 후 나의 의견과 생각을 표현

⑨ I-message 화법 : 나 자신이 느끼는 감정과 생각을 직접적으로 표현하여 상대방에게 나의 상태를 부드럽게 전달

⑩ 아론슨 화법 : 부정의 내용을 먼저 말하고 긍정의 내용을 나중에 말하는 방법

③ 비언어적 커뮤니케이션 스킬

비언어적 커뮤니케이션 스킬	• 눈맞춤, 얼굴표정, 고개 끄덕이기, 몸짓, 자세, 제스처 등이 활용
표정	• 말을 배우기 시작할 때 신체 언어를 먼저 습득하기 때문에 상호 간 커뮤니케이션에서 호감 가는 밝은 표정은 굉장히 중요함 • 동서양 문화권에서 표정을 보고 느끼는 감정과 표정에서 감정을 판단하는 부위에 차이가 있음

시선	• 시선 맞춤을 통해 대화를 조절하고 지배 의지를 표현하며 상대방이 거짓말 하는지 등을 파악 • 적절하고 올바른 시선 처리 필요
제스처	• 손의 움직임과 발의 움직임을 통해 자신의 생각과 감정을 더욱 풍부하게 전달

④ 다양한 커뮤니케이션

성격유형과 커뮤니케이션	• 자신의 행동유형과 강점을 알고 활용하여 타인의 행동을 이해하고 다른 사람과 효과적으로 상호작용 할 수 있음
DISC 고객유형별 고객응대 방법 및 유의사항	• 주도형 – 의사결정을 쉽게 빠르게 내림 • 사교형 – 잘 웃고 명랑하고 활기참 • 안정형 – 인내심이 있어 남의 이야기를 잘 들어줌 • 신중형 – 조심스럽고 조용함
세대 간 커뮤니케이션	• 세대 간 소통의 필요성을 알고 기성세대 이해하기 • 세대 간 간극 좁히기를 위해 노력, 이해를 통한 편견 없는 자세 갖기, 세대 간 활발한 교류로 인한 시너지 효과 확보, MZ세대의 팔로워십과 기성세대의 리더십의 조화

⑤ 커뮤니케이션 스킬 향상을 위한 연습

(1) 커뮤니케이션의 중요성

학교, 직장, 및 새로운 사람과의 원만한 소통으로 좋은 인간관계를 형성하고 능력을 인정받기 위해 중요성이 커진다.

(2) 목소리 트레이닝

말의 속도, 정확한 발음, 안정적이고 신뢰감 있는 목소리 톤, 안정된 호흡을 위한 복식호흡 활용하기

(3) 고객과의 커뮤니케이션 기본원칙

① 고객에게 초점 맞추기

② 상대의 눈높이에 맞추어 용어와 표현 방법 선택

③ 정중한 용어, 단어로 응대

④ 간결하고 논리적으로 전달

⑤ 관련된 사실만 표현하고 단문으로 말하기

⑥ 속도, 억양, 성량을 듣기 편하게 조절

⑦ 누구라도 이해 가능한 어휘, 용어 사용

⑧ 고객이 잘 알아듣도록 말하기

⑨ 이해하기 쉬운 용어로 명확하게 전달

⑩ 친밀감을 주면서도 정중한 표현 사용

⑪ 품위 있는 대화를 할 수 있도록 노력

글로벌 문화의 이해(글로벌 매너)

1 ○ 문화의 개념

문화(Culture)는 인류가 일정한 목적이나 이상을 실현하기 위한 활동과 이를 통해 생산된 육체적·정신적 산물 모두를 가리키는 것으로 사람의 손길이 닿지 않은 '자연'과 대비된다. 우리가 살고 있는 사회는 질서를 갖추고 있으며, 개인은 이 질서를 배우고, 유지하고, 필요에 따라 수정하기도 하며 각 사회의 환경요소에 따라 독특한 문화를 갖는다.

■ 동·서양문화

(1) 동양에서의 문화

① 동양에서는 문화를 '사람을 교화시켜 풍속을 좋게 변화시킨다'라는 의미로 서양에서는 '문명의 지적인 면과 심미적인 측면'의 의미로 사용하게 되었다.

② 사회학적 관점에서는 사회성장으로 개인들에 의해 학습된 총체로 생활양식, 사고, 행위와 감정 양식 등을 통해 나타난다.

(2) 서양에서의 문화

① 서양에서 문화(Kultur, Culture)는 'Colere'(키우다, 경작하다)라는 라틴어 동사에 어원적 뿌리가 있으며, 그 명사형인 'Cultura'에서 파생되어 농작물 경작이나 재배를 의미하였다.

② 즉 자연에 노동을 투입하여 수확하는 과정이며, 시대적 흐름에 따라 수확이라는 행위가 '가치의 상승'이나 '가치의 창조'로 변화하였다. 따라서 현재는 예술을 창작하거나 교양을 갖추는 의미로 발전하였다.

■ 총체론적 개념의 문화

① 총체론적 개념의 문화는 "한 인간집단의 생활양식의 총체"를 의미하는 것이다.

② 인간의 지식·믿음·느낌·가치관·행위의 규범 등 상징적이고 제도적인 것뿐만 아니라 의식주 수단, 도구, 언어, 기술 등 관습적 행위와 그런 행위의 산물들까지도 포함하는 것으로 문화의 기능성을 강조하고 있다.

3 관념론적 개념의 문화

① 관념론적 개념의 문화는 "사람의 행위나 구체적인 사물 그 자체가 아니라 사람들의 마음속에 있는 모델로 그 구체적인 현상으로부터 추출된 하나의 추상"으로 도구, 행동, 제도 등을 포함하지 않고 인간을 행동으로 이르게 하는 기준·표준·규칙으로 문화를 관념적 영역에 한정하고 있다.

② 한국인들의 조상에 대한 제사 행위 자체는 문화가 아니지만, 그것을 가능하게 하는 한국인의 조상숭배에 대한 관념체계가 바로 한국문화라는 관점이다.

③ 관념론적 문화는 주관적인 문화의 한 부분만을 강조하고 있다는 것을 알 수 있다.

4 문화에 대한 2가지 유형의 견해

(1) 대상에 따른 견해 차이

① 문화에 대한 2가지 유형(총체론적 개념의 문화, 관념론적 개념의 문화)의 견해 중 어떤 견해가 더 옳은 것인지 따지는 것은 바람직하지 않다.

② 총체론적 개념의 문화와 관념론적 개념의 문화는 설명하려고 하는 대상에 따라서 견해를 달리하고 있을 뿐이다.

(2) 상황에 따른 효과적인 문화

① 인간의 사고 및 행위를 연구대상으로 하여 그것을 가능하게 하는 기본적인 원리를 밝혀내려는 관점에서는 관념론적인 문화의 개념이 효과적일 것이다.

② 사회문화적인 현상들이 왜 일어나고 있는지, 혹은 각기 다른 현상들과 어떠한 관계를 맺고 있는지에 초점을 두어 문화 과정 속의 여러 가지 요소 간의 상호작용에 관심을 가진다면 총체론적인 문화의 개념 접근이 문화를 이해하는데 더 효과적일 것이다.

 **알아두기**　　　　　　　　　　　　　　　　　○○○

문화의 유래와 현재

문화는 라틴어 'Cultus'에서 유래되었으며 숭배한다는 의미를 가지고 있다. 이는 '마음과 예를 개발하고 세련되게 한다'라는 뜻으로 사용되었다. 우리는 일상에서 문화라는 단어를 익숙하게 사용하고 있으며, 문화유산, 대중문화, 고급문화, 한국문화, 동양문화, 서양문화, 문화시설, 지역문화와 같이 좁은 의미와 넓은 의미로 다양하게 적용하고 있다.

2. 문화의 특성

1 학습성

인간이 먹고 잠자는 것은 본능이다. 이것은 누군가에게 배움을 통해 발생하는 것들이 아니라 자연스럽게, 그리고 스스로 행하는 것들이다. 그러나 요리하는 법과 말하고 놀이하는 법은 배워야 할 수 있는 것이다.

(1) 선천적 학습 능력

인간은 문화를 가지고 태어나는 것이 아니라 단지 문화를 학습할 능력을 타고나는 것이다. 이는 문화가 인간 출생과 함께 선천적으로 타고난 것이 아닌 후천적인 학습에 의해 습득된다는 것을 말한다.

(2) 언어

1) 언어습득

① 언어학과 인지심리학에서는 어린이의 언어습득이 일반적으로 발전단계에 따라 획일적으로 신속하게 이루어지고 있음을 밝히고 있다.
② 언어능력은 인지능력과는 달리 단기간 내에 이루어지는데, 이는 생물학적인 성숙 과정과 관계가 있다고 본다. 그러나 언어들의 특정한 유형은 보편적인 문법 체계가 생물학적으로 인간의 두뇌에 프로그램화되어 있기 때문에 나타나는 것은 아니다.

2) 언어의 유형적 특징

① 언어의 유형적 특징은 언어가 사용되는 방식에서 나타난다.
② 예를 들어 존칭어나 낮춤말은 언어가 말하는 사람의 연령, 신분 등 사회적 상황에 또는 사회적 용법에 따라 유형화된 것이다.

3) 언어습득의 사회화

인간과 가장 가까운 침팬지도 언어를 습득할 수는 있지만, 학습 능력은 매우 초보적인 단계에 불과하다. 언어를 가르치고 규칙에 따라 추상적으로 단어를 복잡하고 다양하게 합하여 구사할 수 있는 능력은 인간만이 가지고 있다.

① 아무리 인간이 언어학습 능력을 갖추었다 하더라도 유아기부터 적절한 사회화 과정이 전제되어야 정상적으로 언어를 습득할 수 있다.
② 사회화란 인간 자신이 태어난 문화를 익혀가면서 성숙되어 가는 것을 말하며, 언어습득도 이런 사회화 과정의 한 일부이다.

2 공유성

(1) 개념

① 문화의 정신적인 부분이나 행위적인 부분 모두 일반적으로 동일한 문화를 유지하려는 사람들 간의 접촉을 통해 학습되고 계승된다.
② 이러한 사람들은 대부분 같은 문화적 개념을 가지고 있으며 비슷한 관습을 가지고 있다.
③ 같은 문화권의 사람들은 같은 언어로 의사소통을 하며 비슷한 복장, 상대의 행동과 생각을 어느 정도 공유하기에 사회생활을 영위하게 된다.

(2) 음식문화의 공유성

① 문화의 공유성은 음식문화에서 잘 나타난다.

인도	인도의 힌두교도들은 종교적인 이유로 소를 식용으로 하지 않는다.
프랑스	프랑스에서는 달팽이와 비둘기를 요리하여 먹기도 한다.
아랍에미리트	알코올, 돼지고기를 권하는 것은 절대 삼가야 한다.

② 음식문화는 그 사회의 종교, 생활양식에 따라 각기 다른 모습을 가지고 있다.
③ 문화는 사회 구성원 간에 공유되어 그들의 생활 및 사회를 유지해 주며 타 문화권과는 구별되는 특성을 가진다.

3 지속성

(1) 개념

문화는 변한다. 세대에서 세대로 이어지는 사이 사람들은 과거의 것을 받아들여서 추가로 그들의 창의적인 변용을 가미하며 언제나 변하기 마련인 것이 문화이다. 문화의 생성과 소멸과정 속에서 후손에게 물려줄 '탁월한 보편적 가치'가 있는 문화는 지속성을 부여하기 위해 국가 또는 유네스코와 같은 세계기구의 보호를 받기도 한다.

(2) 문화에 영향을 주는 요건

① 문화 변화의 속도나 폭, 깊이 등은 사회나 시대에 따라 다를 수 있다.
② 문화는 시간의 흐름에 따라 영향을 받고, 그에 따라 변화된 환경에 적응하는 단계를 거쳐 점차 그 모습을 바꿔가며 우리의 생활양식으로 자리 잡게 된다.
③ 문화는 시간이 지나고 세대가 바뀜에 따라 축적되며 사회의 변화와 함께 그 모습이 변화되는 것이다.

(3) 유네스코 유산의 종류

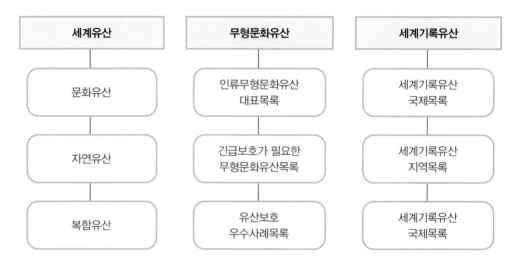

[유네스코 유산]

세계유산	무형문화유산	세계기록유산
문화유산	인류무형문화유산 대표목록	세계기록유산 국제목록
자연유산	긴급보호가 필요한 무형문화유산목록	세계기록유산 지역목록
복합유산	유산보호 우수사례목록	세계기록유산 국제목록

4 창조성

(1) 개념

인간이 자연환경 속에 적응·생존하는 데는 신체적으로 여러가지 약점을 지니기 때문에, 이를 극복하기 위해 문화를 만든 것으로 이해할 수 있다.

(2) 문화 창조를 위한 능력

① 문화를 만들기 위해서 가장 핵심적인 능력은 '상징하는 힘(Symbolate)', 즉 생각하는 힘이다.

② 이로써 기호(Symbols)들을 만들어 말(Language)을 할 수 있었다는 점에서 다른 동물과 차별화되는 문화의 창조자가 될 수 있었다.

③ 인간은 생각하는 힘과 두뇌의 크기가 몸에 비해 상대적으로 크며 복합적인 구조를 가졌다.

④ 몸을 곧게 세우고 두 손을 자유롭게 사용할 수 있으며, 손으로 장악하는 특징 등 신체적인 조건에서 유리한 점도 있다.

⑤ 이런 신체적 능력을 활용하여 불리한 생물적 조건을 극복한 환경적응 능력과 그것을 통제하고 수정하는 수단을 강구하는 것이 바로 문화이다.

5 가변성

문화는 시대와 환경의 변화와 함께 변화생성의 과정을 끊임없이 겪는다. 한 사회로 유입된 문화는 그 사회의 배경과 문화접변의 과정을 통해 변한다. 또한 도입되었거나 개발된 새로운 지식이 유용한 것으로 판명되면 전체 사회에 확산되어 일어난다. 그런 과정에서 기능을 상실한 문화 요소들은 사라지게 된다.

> **잠깐! 알아두기** ○○○
>
> **문화의 초유기체성(Superorganic)**
> 문화는 최초의 상태 그대로 보존되거나 유지되는 것이 아니라 부단한 진화 또는 퇴화의 과정을 거치게 된다는 개념이다. 문화인류학자들은 문화의 이러한 성격을 '초유기체성'이라고 부르기도 한다.
> 한 사회의 문화를 이해하기 위해서는 이들 문화의 성격에 대한 바른 이해가 전제되어야 한다.

6 체계성

① 문화는 사회의 다른 부분들과 서로 관련을 맺으며 종합적 체계 속에서 조화를 이루는 방향으로 형성된다.
② 예를 들어 농경 문화권에서는 그에 적합한 주택, 의식, 교통수단이 생기고, 독특한 가치관도 형성된다.
③ 문화는 역사적·지리적·자연적인 여러 상황이 복합되어 하나의 체계를 형성해 나가는 것이다.

7 전체성

① 한 사회집단의 문화는 지식, 신앙, 예술, 도덕, 법, 관습 등 수많은 부분으로 구성되어 있다.
② 한 사회의 문화를 구성하는 이런 부분들은 무작위로 또는 각기 독립적으로 존재하는 것이 아니라 상호 긴밀한 관계를 유지하면서 하나의 전체(Whole) 또는 체계(System)를 이루고 있다.

> **잠깐! 알아두기** ○○○
>
> **이슬람과 돼지고기**
> 이슬람교에서 돼지고기를 먹는 것은 죄악(罪惡)이다. 이슬람의 율법인 꾸란에서 돼지고기를 엄격히 금지하고 있기 때문이다. 또한 덥고 건조한 중동의 기후를 고려할 때 방목이 불가능하고 사육해야만 하는 돼지는 물과 음식이라는 공동재산의 낭비로 이어지고, 전염병 발생의 위협이 존재한다. 이렇듯 이슬람과 돼지고기는 상호 긴밀한 관계 속에 금지되고 있다.

3 ㅇ 문화의 기능

문화와 개인은 서로 독자적인 기능을 가지고 있다. 이들은 서로 상호 간에 영향을 주고 또한 영향을 받는 상호적인 관계에서 사회를 구성하고 유지한다. 즉 문화는 한 사회의 유지 및 발전에 영향을 준다. 문화는 인간이 환경에 적응하며, 그 도전에 대처하기 위하여 만들어 낸 하나의 생존 수단이라고 할 수 있다.

사람은 다른 동물들과 달라 단순히 생물학적인 기능만으로 환경 속에서 생존을 누리는 것이 아니라, 적극적으로 그에 대처하여 환경조건을 극복하고 그것을 인간 생활에 유리하도록 바꾸는 종으로써 생존하려고 만들어 낸 것이라는 데서 문화의 기본적인 기능을 찾을 수 있다.

① 사회적 연대의 기초

문화는 아래와 같은 기능을 수행함으로써 같은 문화를 가진 사람들 간의 동질감을 발현하며, 사회적 결속을 유발한다. 즉, 같은 사회 속에서 생활하더라도 언어나 행동양식, 종교 등의 문화가 다른 경우에는 사회적 분열이나 분쟁이 일어나기 쉽게 된다.

(1) 사회적 연대의 기초 기능

① 문화는 우리가 학습하고 공유하고 있는 언어를 통하여 다른 사람과의 의사소통을 할 수 있게 한다.
② 문화는 사회에 있는 다른 구성원들의 생각과 행동을 예측할 수 있게 해준다.
③ 문화는 우리와 비슷한 문화적 배경을 갖는 사람들을 구별할 수 있게 해준다.

② 사회질서 유지

문화는 아래와 같은 기능을 수행함으로써 사람들이 사회적으로 허용되고, 인정되는 절차에 따라 행동하도록 한다. 그러나 사회가 변화함으로써 기존의 문화에서는 존재하지 않던 문제가 발생하게 되면 사회는 새로운 문화를 창조하고 받아들이게 된다. 이를 혁신이라고 하는데 이러한 과정을 통하면서 문화는 사회에 질서 지향적이고 변혁적인 영향을 미치게 되는 것이다.

(1) 사회질서 유지 기능

① 문화는 개인의 생존과 안정에 필요한 물질적·심리적 욕구를 일으키기도 하고 그것을 충족시키기 위한 수단도 제공한다.
② 문화는 개인의 욕구를 규제하기도 하고 욕구 수준을 제한하기도 한다.

③ 문화는 선과 악, 아름다움과 추함, 합리성과 비합리성, 유쾌함과 슬픔, 그리고 안전함과 위험함 등에 대한 구별의 기준을 제공해 준다.

❸ 인성 형성

인간은 태어나 자라면서 문화를 습득함으로 태도의 유형을 확립하게 된다. 즉 인간은 어떠한 문화를 받아들였는가에 따라 태도의 유형이 바뀌며, 성격도 다르게 형성된다. 하지만 문화는 사회구성원 모두에게 같은 영향을 미치지는 않는다. 모든 개인은 사회가 그들에게 주는 영향만큼의 반작용을 함으로써 개인차를 발생시키며 사회에서의 자신의 역할을 찾아가게 된다. 이러한 작용이 계속됨으로써 일탈이 생기고 지속해서 축적되면서 문화의 변화가 발생하는 것이다.

(1) 인성 형성의 기능

① 문화는 인간과 동물을 구별할 수 있게 한다. 즉 문화는 인간이 동물과 구별되는 창조적 생활을 가능하게 해준다.
② 문화는 인간이 살아가는데 필요한 지식과 기술을 제공해준다.

4 ⟡ 문화의 구성요소

전형문화는 그 사회집단 구성원들의 지식이나 관습·신념·예술·법·도덕·관습 등을 말하며, 일상 문화는 예술·예절·풍습·생활양식 등에서 뛰어난 것을 생각한다. 따라서 역사나 미술·음악·문학에 정통한 사람만이 문화인이 되는 것처럼 여기는 경향이 있다.
한 민족의 문화란 인류발전이 진행되기 위한 기본적인 것으로 사람들이 자신들의 생활을 자유와 정의 속에서 창조적으로 발전시킬 수 있는 환경이므로 2가지 유형의 문화 내용이 보여주는 질(Quality)에 대한 개인 판단보다는 2가지의 문화가 현실적으로 존재한다는 것이다. 왜냐하면 사람마다 개인의 가치관이나 탐미 기준에 따라 문화 내용을 선택하게 되며, 선택하는 기준이나 가치는 바로 여가활동이나 관광을 추구하게 되는 취향 문화의 근본을 이루기 때문이다.

❶ 문화신념

(1) 개념

① 한 사회의 신념체계는 동일한 사회·문화 속에서 이루어져 있는 그 대부분 성원들에 의해 공유되는 것으로, 관념·지식·전설·미신·학문 등 그 모든 인지 분야를 포괄한다.
② 널리 공유된 신념에는 건강을 위해서 충분한 휴식과 적합한 영양 섭취가 중요하다는

관념수용에서 하루 세끼를 반드시 먹어야 한다는 다소 모호한 관념에 이르기까지 여러 가지가 내포되어 있다.

③ 신념은 선호에서 기인하는데 그러한 선호는 종교·취미·연구·스포츠·직업·음식·의상처럼 여러 분야에 걸쳐 형성될 수 있다.

(2) 개인 신념체계

① 일반가치 : 추구하는 존재 상태에 대해 계속되는 신념으로서 궁극적 가치와 유사하다.

② 영역 특수가치 : 보다 자세한 소비활동에 속한 신념으로서 회사가 즉각 서비스·품질보증·공해방지와 같은 것을 해야만 하는 신념이다.

③ 제품 속성 평가 : 제품 속성의 평가로 구분할 수 있다.

2 문화가치

(1) 문화가치의 정의

사회적 관점에 서의 문화	사회학의 관점에서 문화가치를 정의한다면 '어떤 활동·감정·목표가 그 사회의 정체나 복리에 중요하다고 널리 받아들여진 신념이나 생각이라 할 수 있다.
심리학적 관점 에서의 문화	심리학에서는 문화가치를 '각 상황에 걸쳐서 그리고 임박한 목적이 아니라 보다 궁극의 존재 목적 행위와 판단을 지시하는 일관되고 지속적인 신념'이라고 정의하고 있다.

(2) 문화가치의 특성

① 문화가치는 개인들에게 자세하고 구체적인 자극에 대하여 보편적·표준화된 방법으로 반응하게 하는 성향을 지니게 한다. 하지만, 그것은 특정 대상·상황에 대한 평가반응을 나타내는 태도와는 다르게 구분하고 있다.

② 가치란 특정 대상·상황을 초월하여 일반 행동양식이나 최종 존재 상태를 말하며, 문화가치를 문화의 구성요소로 구분하고 있다.

3 문화규범

(1) 개념

문화규범은 적합하거나 합리적이지 못한 행동이 어떤 것인지를 구체적으로 밝혀주는 등 그 사회구성원들에 의해 수용된 각종 규칙이나 표준으로 제시한다.

(2) 문화규범 특징

① 규범은 가까이는 가족이나 친구로부터 멀리는 직장·학교·종교에 이르기까지 다양한 원천을 이루고 있으면서 그 사회의 가치를 반영해 주고 있다.

② 규범은 행동의 지침 혹은 매뉴얼이 되고 있으나 개인적인 행동까지는 정확하게 예측하기 어렵다.

③ 규범은 보상과 벌로 강화되며, 보상에는 경제적이거나 사회로부터의 승인, 마음에서 오는 이득과 같은 것도 있다.

5 문화의 변동

문화체계 속에 존재하는 부분들인 문화 요소들은 단지 무작위로 존재하는 것이 아니라 상호 긴밀한 관련을 맺으면서 전체를 구성하고 있다.

문화는 기본적으로 변동하는 속성을 가지고 있다. 문화의 변동은 갑자기 이루어질 수도 있고, 오랜 시간에 걸쳐 조금씩 변화할 수도 있다. 어떤 사회의 문화도 불변의 상태로 머물러 있지는 않다.

1 문화전파

(1) 개념

문화전파는 한 문화의 요소나 특성들이 다른 문화로 번져나가는 것을 의미한다. 문화가 한 집단에서 다른 집단으로 전달될 때는 전통문화와 전파문화 사이에 약간의 마찰은 필연적인 과정이지만 일반적으로 받아들이는 쪽의 문화에 변화가 발생한다.

(2) 직접 전파와 간접 전파

문화전파는 경로에 따라 직접 전파와 간접 전파로 구분할 수 있다.

직접 전파	• 침략과 전쟁과 같이 타민족이나 집단을 정복하여 문화를 강요하는 경우 • 국가나 집단 간의 무역이나 기술 및 문화 전수를 통한 교류에 의한 문화전파
간접 전파	• 대중매체나 여행자들에 의해 정보나 관념 등이 자연스럽게 전파되는 것 • 드라마와 영화를 통해 전파된 한류

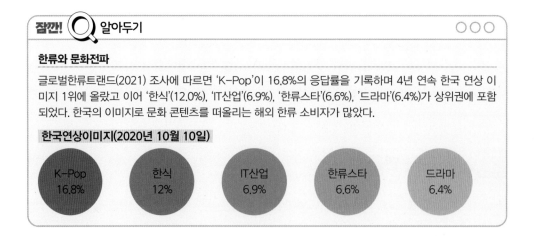

2 문화접변

(1) 개념

문화접변은 독립된 문화를 가진 둘 이상의 사회가 직접적인 접촉을 함으로써 문화가 변하는 현상을 말한다.

(2) 문화 적응의 형태

문화접변에 의한 문화 적응의 형태는 문화수용, 문화동화, 문화융합 등으로 나타낸다. 문화를 수용하고자 하는 집단에서는 문화적 충격이나 문화적 갈등을 겪게 되며, 이는 ① 전통문화와 새로운 문화가 충돌할 때, ② 주류문화와 비주류 문화가 충돌할 때, ③ 현실문화와 이상문화가 충돌할 때 발생한다. 만약 문화적 갈등으로 수용이나 동화를 하지 않을 때는 자문화를 유지하게 될 것이다.

1) 문화수용

① 두 개의 이질적인 문화가 접하면서도 각각 자체 문화의 가치관과 특성을 그대로 유지하면서 공존하는 문화현상을 말한다.

② 우리나라는 한복이라는 전통의상이 있지만 서양문화를 접촉하면서 양복이 일상화되었다.

③ 우리나라의 온돌문화는 서양 주거문화와 접촉하며 침대문화로 바뀌고 있다.

2) 문화동화

① 독특한 하위문화를 가진 집단이 그 사회의 주류문화로 편입되는 현상을 말한다.

② 남미 원주민들은 과거에 주술에 의한 병의 치료를 믿었으나 현재는 서양의학에 의존하여 병을 치료한다.

③ 미국 사회에는 히스패닉·중국·일본 등 소수민족이 이민을 와서 독특한 하위문화를

형성하고 있으나 미국 시민의 일원이 되기 위해 미국 주류문화에 흡수되어 있다.

3) 문화융합

① 서로 다른 사회의 문화 요소가 결합하여 기존의 두 문화 요소와는 다른 성격을 지닌 새로운 문화가 나타나는 현상이다.
② 한국의 결혼식 문화는 서양식 혼례와 전통식 혼례가 접변하였다. 연미복과 드레스를 입고 서양식 결혼문화인 예식을 진행하며, 전통 혼례복을 입고 폐백을 진행한다.
③ 재즈는 유럽 백인들의 음악과 미국 아프리카 흑인음악이 접촉하는 과정에서 생겨난 음악 장르다.

점진적 문화변동

개인이 살고 있는 시간이 한정되어 있고, 그가 의지하고 있는 문화에서 전개되는 변동을 의식하지 못하기 때문에 점진적인 변동의 측면을 간과하기 쉽다. 그러나 100년 전의 상황과 지금의 문화를 비교해 보면 엄격한 차이가 있음을 발견할 수 있다. 이런 차이 중에 드물게는 갑작스러운 변화가 일어난 경우도 있지만, 대부분은 오랜 시간에 걸쳐 작은 부분에서 일어난 변동들이 축적되어 일어난 것을 문화변동이라고 볼 수 있다.

6 문화의 다양성과 상대 문화 인정

1 문화 상대주의

(1) 개념

① 각 지역의 문화는 그 나름대로 의미와 가치를 지니고 있다.
② 각 지역문화는 우열을 정하거나 좋고 나쁜 것으로 비교할 수 없는 상대성의 속성이 있다. 이처럼 타 문화를 존중하고 이해하는 것을 '문화 상대주의'라고 한다.

(2) 문화 상대주의의 필요성

① 인류가 살고 있는 사회는 사회마다 특수한 문화를 가지고 있으며, 다양한 문화를 올바르게 이해하기 위해서는 그 사회의 관점에서 이해하려는 태도가 필요하다.
② 문화의 상대성을 부정하는 극단적인 태도는 자민족 중심주의로서 자기 민족의 모든 것이 타문화보다 우월하다고 믿고 타민족의 문화를 배척하려는 태도를 보이게 된다. 지금도 국가·지역·인종·종교 간에 갈등과 분쟁이 지속되고 있으며, 이러한 현상은 문화의 상대주의를 인정하지 못하기 때문이다.

(3) 도덕 상대주의와 인식 상대주의

1) 구분

문화 상대주의는 크게 도덕 상대주의와 인식 상대주의 관점에서 접근하고 있다.

도덕 상대주의	어떤 행위나 사상의 옳고 그름이나 좋고 나쁨을 특정 문화적 맥락에서 규정된 가치체계에 따라 판단되어야 한다는 관점이다.
인식 상대주의	인간이 자신을 둘러싼 여러 현실을 조직화하는 것은 문화에 의해 이루어지므로 인간의 사고방식은 문화적 배경에 따라서 상대적으로 파악되어야 한다는 것이다.

2) 도덕 상대주의와 인식 상대주의의 공통점

① 문화·인종·민족 간의 지적 능력이나 도덕적 가치는 본질적 차이가 없다.

② 관용적·평등주의적 시각과 특정 문화의 인간 인식과 가치는 보편적·절대적 기준에 의해 판단될 수 없다는 다원주의적 시각이라고 할 수 있다.

2 자문화 중심주의

(1) 개념

한 사회나 집단의 구성원들이 자신들의 문화가 가장 우월하다고 믿고 자기 문화의 관점에서 다른 문화를 이해하고 부정적으로 평가하는 태도를 자문화 중심주의라고 한다.

(2) 자문화 중심주의 대표적인 예

① 대표적인 자문화 중심주의로는 백인 우월주의

② 중국사람들이 중국이 세계 중심이라고 생각하고 자신의 문화가 가장 우월하다고 믿는 중화사상

③ 독일 나치 시대 게르만 민족우월주의

(3) 자문화 중심주의의 문제점

자문화 중심주의는 자신들의 민족과 문화를 최고의 것이라고 믿기 때문에 집단에 대한 소속감이나 일체감을 강화한다는 점에서는 긍정적인 측면이 있으나, 인종·민족·계층 간의 차별과 같은 사회문제를 일으킬 수도 있고, 특히 민족 간에 분열을 초래할 수 있다는 점에서 부정적인 사상이라고 할 수 있다.

1 예절, 에티켓, 매너

인간은 동서양을 막론하고 사회생활을 해오면서 인간관계를 원만히 하고 사회생활을 원활히 하기 위한 규범을 만들었다. 사람 간의 접촉에서 상대에게 갖추어야 할 말투나 몸가짐, 그리고 행동이 예의이며, 일상생활에서 자연스럽게 표출되도록 훈련하고 있다.

사람과 사람 간의 관계에는 일정한 도리가 있어야 질서가 유지된다. 이러한 도리를 동양에서는 '예(禮)' 또는 '예절(禮節)'이라 하고, 서양에서는 '에티켓' 또는 '매너'라고 말한다.

1 예절

(1) 개념

① 예절은 예의와 범절의 준말이며 인간관계에서 서로 마찰을 없애고 불편을 덜기 위한 마음가짐이자 약속이다.

② 예절은 또한 나를 낮추고 상대방을 존중하는 마음가짐이며, 행동규범에 해당한다.

(2) 예절의 어원

① 예절의 어원은 '하늘에 제사를 지내고 하늘의 계시를 받아 실천한다.'고 풀이되며, 어원적 의미는 고대의 제사 의례에서 찾을 수 있다.

② '예'는 조상을 섬기며 공경하는 것이고, '절'은 행동규범을 의미하는 것으로 공경하는 마음과 섬기는 마음이며 또 절제하는 마음의 표현이다.

(3) 예절의 특징

예절은 대인관계에 있어서 사회적 지위에 따라 인간의 행동을 규제하는 여러 가지 행동규칙과 사회적 관습의 체계로 그 형식이 생활방식이나 사고방식, 사회 흐름에 따라 다르게 나타나며 시대에 따라 변천한다는 특성이 있다.

(4) 예절의 필요성

예절은 법과 같은 구속력을 갖는 강제규범이 아니므로 예절을 어겼다고 해서 처벌의 대상이 되는 것은 아니지만 예절을 어겼을 경우 사회구성원들로부터 배척당하거나 소외될 가능성이 있다. 따라서 우리가 예절을 배우는 것은 집단에서 서로 다른 사람들과 잘 어울려 지낼 수 있는 능력을 기르는 것이다.

잠깐! 🔍 알아두기　　　　　　　　　　　　　　　　　　　○○○

삼강오륜

우리나라에서는 유교의 영향을 받아 강령과 인륜인 삼강오륜이 전통적인 예절로 강조되어 왔다.

삼강	군위신강	임금은 신하의 본보기가 되어야 한다.
	부위자강	아버지는 아들의 본보기가 되어야 한다.
	부위부강	남편은 아내의 본보기가 되어야 한다.
오륜	부자유친	아버지와 자식 사이에는 친함이 있어야 한다.
	군신유의	신하는 임금에 대하여 의로써 충성을 다한다.
	부부유별	부부 사이에는 구별이 있어야 한다.
	장유유서	어른과 아이 사이에는 차례와 질서가 있어야 한다.
	붕우유신	친구 사이에는 신뢰가 있어야 한다.

2 에티켓

(1) 개념

① 에티켓(Etiquette)은 서양의 예절이며, 서양의 사회 계약적 생활 규범을 말한다. 또한 생활 규범은 생활문화권에 따라 독특하게 발달하고 정립되어왔다.
② 영어의 에티켓은 예절·예법 등을 의미한다.
③ 에티켓은 '남에게 폐를 끼치지 않는다.', '남에게 호감을 준다.', '상대방을 존경한다.'라는 뜻으로 대중이 모인 장소나 타인 앞에서 지켜야 할 예의범절을 가리키는 말이다.
④ 에티켓은 질서 있고 안정된 사회를 유지하려는 필요성에 의해서 발달하였다.

(2) 에티켓의 유래

① 에티켓의 원뜻은 프랑스어 에스띠끼에(estiquier)이며, 베르사유궁전 화원에 붙인 나무 말뚝에 붙인 출입 금지라는 말에서 유래되었다. 이것은 베르사유 궁정(宮庭)을 보호하기 위해 정원의 화원 주변에 표지판을 세워 아무나 들어가지 못하도록 하기 위해 사용된 것이라는 설이 있다.
② 하나는 루이 14세 시대 궁정에 들어가는 사람에게 주어지는 일종의 티켓(Ticket)에 그 기원을 두었다는 설이 있다.
③ 오늘날에는 이러한 유래설의 의미가 확대되어 상대방의 '마음의 정원을 해치지 말라'는 적극적인 의미로 해석되고 있다.

❸ 매너

(1) 개념

① 매너의 어원은 마누아리우스(manuarius)에서 유래되었다. 손 'manus'와 방식·방법 'arius'의 복합어로 마누스(manus)는 영어의 hand란 뜻으로 '손'이라는 의미 외에 사람의 행동, 습관 등의 뜻을 내포하고 있다.

② 아리우스(arius)는 More at manual, More by the manual의 방식을, 방법이라는 뜻을 지니고 있다. 즉, 매너는 에티켓을 행하는데 '품위 있는 방식을 행동하는 것'으로 일상의 관습, 몸가짐을 의미한다.

> **잠깐!** 🔍 **알아두기** ○○○
>
> **매너와 에티켓의 차이**
> 흔히 매너와 에티켓은 혼용되어 사용되기도 한다. 에티켓이 사람과 사람 사이의 서로 지켜야 하는 약속과 같은 것이라면 매너는 약속을 지키기 위한 행동 방식이라고 할 수 있다. 다시 말해 에티켓은 규칙이나 규범 같은 합리적 행동 기준에 맞추는 형식(Form)에 해당하고, 매너는 그것을 보여주는 하나의 방식인 방법(Way)에 해당하는 것이다.

2 🔘 국외여행 매너

❶ 국외여행 수속 절차

> **출국 수속 순서**
> 공항 도착 → 탑승수속 → 수하물 수속 → (세관/검역) → 출국심사 → 탑승 → 출발

① 공항에는 비행기 출발 최소 2시간 전에 도착하여 여유 있게 여행을 시작한다.

② 공항에 도착 후 해당 항공사 수속 카운터에서 탑승권 수속 후 수하물을 붙인다.

③ 여권과 탑승권을 가지고 출국장에 들어간다.

④ 출국심사대로 가서 검색을 받는다. 들고 있는 가방 및 소지품은 엑스레이 검사대에 놓고 신체 검사대를 통과한다.

⑤ 출국심사대 옆에는 세관 검사대가 있는데, 입국 시 관세를 물어야 하는 불상사를 예방하기 위해 고가의 휴대 물품은 반드시 신고한다.

⑥ 자동 출국심사대에 여권을 스캔하고, 지문인식을 통해 간편 심사를 받을 수 있다.

⑦ 자동 출국심사가 불가능한 경우 출국심사를 담당하는 사람에게 가서 출국심사를 받는다.

⑧ 출국심사가 끝나면 탑승 전까지 면세구역 자유시간을 갖거나 대기실에서 대기하고, 예정된 시간에 탑승권에 기재된 탑승구에서 탑승한다.

⑨ 탑승 안내방송이 나오면 승무원의 지시에 따라 탑승한다.

2 항공기 탑승 매너

(1) 기본 매너

① 안전을 위하여 기내 방송 및 승무원의 지시를 잘 따른다.

② 창 측에 앉을 경우 필요 이상으로 자리를 뜨지 않는다. 자주 움직여야 한다면 처음부터 통로 측 좌석을 지정한다.

③ 화장실을 사용할 때는 사용하는 사람이 없다는 'Vacant' 표시와 사용 중이라는 'Occupied' 표시에 유의하도록 한다.

④ 세면은 되도록 빨리 끝내고, 세면대에 물기를 잘 닦아 준다.

⑤ 사용한 티슈는 반드시 쓰레기통에 넣는다.

(2) 기내 행동 주의사항

① 기내에서는 금연이므로 연초와 전자담배 모두 사용이 금지된다.

② 기내에서 마시는 알코올 음료의 경우 지상에서보다 빨리 취하므로 특별히 유의한다.

③ 착륙 후 비행기가 완전히 멈춰 안전 벨트 싸인이 꺼질 때까지 기다린다.

④ 기내에서 큰 소리로 떠드는 것은 삼간다.

⑤ 비행기가 공항에 완전히 도착하기 전에 먼저 내리려고 일어서서 짐을 챙긴다든지, 통로에 나와 대기하고 있는 행동은 대단히 위험하다.

(3) 기내식 매너

① 식사가 시작되면 등받이를 원위치로 돌려놓는다.

② 통로 측에 앉았을 경우 창 측에 앉은 승객의 식사를 받아 건네주는 것이 매너이다.

③ 창 측에 앉았을 경우 통로 측 승객이 식사 중이라면 일어서서 나가지 말고 식사를 마칠 때까지 기다린다.

④ 식사 때 양팔을 너무 벌려서 옆 사람과 부딪히지 않도록 주의한다.

(4) 옷차림 매너

① 간편한 복장으로 갈아입을 때는 반드시 화장실에서 환복한다.
② 비행 중 발이 붓기 쉬우므로 슬리퍼나 편안한 신발로 바꿔 신어도 좋다.

(5) 승무원에 대한 매너

① 승무원을 부를 때는 호출 버튼을 누르거나 가벼운 손짓 또는 눈짓으로 살짝 부르는 것이 좋다.
② 식사나 음료를 받을 때는 감사 표시를 한다.
③ 내릴 때도 비행간 수고해 준 승무원들에게 'Thank you' 또는 'Good bye'와 같이 간단한 인사를 건네는 것이 예의이다.

3 호텔 이용 매너

(1) 체크인과 체크아웃

① 체크인과 체크아웃은 프런트 데스크에서 하는 것이 기본이다.
② 호텔에 도착하면 제일 먼저 프런트 데스크에서 숙박 카드를 작성한다.
③ 숙박 카드 작성이 끝나면 호텔 객실이 배정되며 객실 키를 받는다.
④ 벨맨이 짐을 옮겨주며 객실을 안내한다.
⑤ 호텔 측과 상의 없이 체크아웃 시 객실에 그대로 짐을 보관하면 추가 요금이 부과될 수 있다.

(2) 호텔 객실 이용과 기본 매너

① 객실 열쇠는 잠금 기능뿐만 아니라 객실 전원의 On/Off 기능을 가지고 있다.
② 객실에 입실한 후 열쇠를 꽂으면 전원이 켜진다.
③ 호텔 이용 중 도난이나 분실을 방지하기 위해 객실 내에 세이프티 박스가 마련되어 있다.
④ 객실 TV는 일반채널과 유료채널이 있으며, 객실 내에 비치된 프로그램 안내서를 참고하면 좋다.
⑤ 객실에는 미니바가 갖춰져 있으며, 메뉴와 가격이 명기되어 있으므로 확인 후 이용한다. 결제는 체크아웃 시 결제한다.

객실 열쇠의 종류

정보통신기술(ICT)의 발달에 따라 호텔 객실 열쇠도 진화하고 있다. 체크인 할 때 받는 객실 키가 잠금형 열쇠에서 카드 키로 대체되었으며, 최근 일부 호텔에서는 키 리스(Keyless) 형태의 모바일 키를 도입하고 있다. 모바일 키는 체크인 시 제공되는 QR코드 방식의 스마트 키를 내려받아 블루투스로 작동하게 된다.

잠금형 열쇠	카드 키	모바일 키

(3) 호텔 객실 이용 시 의사표시 카드

Make-up sign 카드	• 호텔 객실에서 Make-up이란 룸메이드의 객실 청소 서비스를 의미한다. • 청소가 필요한 경우 Make-up sign 카드를 객실 바깥문 손잡이에 걸어두거나 Make-up sign 버튼을 눌러 표시한다.
Do not Disturb 카드	• 낮 시간에 객실에서 업무 중이거나 깊은 수면을 청하고 싶은 경우 사용한다. • 방해받고 싶지 않다면 Do not Disturb 카드를 객실 바깥문 손잡이에 걸어두거나 Do not Disturb sign 버튼을 눌러 표시한다.

(4) 기타 호텔 이용

① 컨시어지는 여행 중 현지 사정을 몰라 누군가의 도움을 받아야 하는 경우 각종 정보와 고충 처리까지도 담당한다.

② 하우스키핑 부서에 세탁물 서비스를 요청할 수 있으며, 객실 내에 비치된 세탁주문서에 필요사항을 기재 후 지정된 봉투에 담아 요청하면 된다.

③ 호텔 교환실이나 프런트를 통해 웨이크업 콜서비스를 요청할 수 있으며, 받을 때는 감사 인사를 하는 것이 매너이다.

④ 투숙객에게 무료 wi-fi서비스를 제공하는 호텔이 많아지고 있으나 일부 호텔은 유료인 경우도 있다.

⑤ 룸서비스를 이용하면 호텔종사원이 객실까지 주문한 음식을 서비스하고, 메뉴와 서비스 가능 시간은 객실 내에 비치된 룸서비스 안내서를 참고하도록 한다.

⑥ 호텔에는 짐, 사우나, 수영장 등 체육시설을 갖추고 있고, 호텔의 등급이 높을수록 다양한 부대시설을 갖추고 있다.

⑦ 부대시설의 이용은 호텔에 따라 투숙객에게 무료로 제공되는 경우도 있고, 소정의 이용료를 받는 곳도 있다.

4 예약

(1) 국내 예약문화

① 우리나라에서도 최근 서비스 시설을 이용하고자 할 때 사전 예약하는 문화가 자리 잡아가고 있지만, 여전히 레스토랑이나 병원 미용실 등에서 예약부도(No Show) 피해가 발생하고 있다.

② 서비스 산업의 경우 일반적인 재화와 달리 저장이 되지 않기 때문에 예약된 고객의 예약부도는 해당 시간의 판매 기회 상실과 재료의 낭비로까지 이어질 수 있다.

(2) 해외 예약문화

① 해외의 경우 예약문화가 비교적 잘 정착되어 있다.

② 유명 레스토랑이나 고급 서비스를 제공하는 업장은 수일에서 수개월의 예약이 이미 마감되어 있으니 관련 사항을 여행 전 미리 확인하는 것이 좋다.

잠깐! 알아두기

예약부도, No Show

2015년 현대경제연구원의 조사 결과에 따르면 음식점, 미용실, 병원, 공연장, 고속버스 등 5대 서비스 업종에서 예약 부도로 인한 매출손실액은 연간 약 4조 5,000억 원에 이른다. 고용손실은 연간 10만 8,170명, 연관 제조업체 손실액까지 합산 추정하면 8조 2,700억 원에 달한다.
이러한 피해가 이어지자 예약 부도로 인해 판매 기회를 상실하고 손해가 발생하였다면 손해배상청구가 가능하도록 제도적 보완이 되고, 예약보증금을 받을 수 있도록 최소한의 장치가 마련되었으나 올바른 예약문화의 정착이 우선되어야 할 것이다.

5 팁

(1) 팁의 유래

팁이란 '받은 서비스에 대한 감사의 마음을 표현하는 것'의 의미로 18세기 영국의 한 술집에서 유래되었다고 전해진다. 좋은 서비스와 신속한 서비스를 원한다면 돈을 더 지불하라는 'to insure promptness'라는 말이 술집 벽에 적혀 있었고 이것의 첫머리를 따서 팁이라는 말이 만들어졌다는 일화가 있다.

(2) 팁 줄 때 유의사항

① 팁을 줄 때 중요한 점은 적절성으로 팁을 주는 장소나 금액 등을 고려해야 한다.

② 팁은 여행하는 국가와 지역, 상황에 따라 문화가 다르므로 여행 전 팁 문화에 대한 사전지식을 쌓고 가는 것이 좋다.

③ 팁은 현지 화폐로 주는 것이 좋으며, 카드 결제가 가능한 곳에서는 카드로 팁을 지불할 수도 있다.

④ 레스토랑에서의 팁은 보통 15% 정도가 적당하나 서비스의 질에 따라 가감할 수 있다. 그러나 평균보다 팁을 지나치게 많이 주면 어리석게 보일 수 있고, 적게 주면 모욕하는 것과 같으므로 적절하게 준다.

⑤ 제공받은 서비스에 대한 만족도가 낮았다면 관례보다 적게 주어도 되고, 그 이유를 엄격하고 조용하게 설명하는 것이 매너이다.

⑥ 팁을 주지 않아도 되는 경우는 기본 서비스 산업에 종사하는 사람, 사업주, 명백하게 냉담하고 무례한 직원의 경우이다.

> **잠깐!** 🔍 **알아두기**   ○○○
>
> **TIP 문화**
>
> 우리나라의 호텔이나 레스토랑은 봉사료가 이용요금에 포함되어 있어 추가로 별도의 팁을 지급하지 않지만, 미주나 유럽 등 해외의 경우에는 호텔이나 레스토랑 등 서비스 시설 이용 시 서비스에 대한 감사의 표시로 팁을 주는 것이 관례이다.

3 동양식 테이블 매너

1 한국 식사 예절

① 어른이나 손님이 상석에 앉는다.

② 모서리를 피해서 앉으며, 척추를 바로 세워 반듯한 자세로 앉는다.

③ 어른이 수저를 든 후에 식사를 시작하고, 어른보다 먼저 식사가 끝나면 수저를 국 대접에 걸쳐 놓았다가 어른의 식사가 끝나면 본인의 수저도 내려놓는다.

④ 음식을 먹을 때는 소리 없이 먹어야 하고 숟가락과 젓가락을 함께 쥐고 식사하지 않는다.

⑤ 반찬을 뒤적거리지 않고 이것저것 고르는 행동은 피한다.

⑥ 음식을 먹을 때는 입을 다물고 씹으며 입속에 음식이 가득 있을 때 이야기하지 않는다.

⑦ 원하는 음식이나 필요한 것이 본인과 멀리 떨어져 있을 경우 본인 앞으로 가져오지 않고 양해를 구하며, 보조 접시가 있을 경우에는 음식을 덜어서 먹는다.

2 중국 식사 예절

① 밥그릇을 제외하고, 다른 그릇을 손으로 잡고 먹지 않는다.

② 요리와 밥은 젓가락을 이용해 먹는다.

③ 큰 접시에 음식이 담겨 나왔을 때는 자기 접시에 적당히 덜고 난 다음 양념을 쳐서 먹도록 한다.

④ 회전반에 요리가 놓이면 회전반을 시계방향으로 천천히 돌리며 주빈(main guest)부터 음식을 뜨는 게 원칙이다.

⑤ 적당량의 음식을 자기 앞에 덜어 먹고, 새로운 요리가 나올 때마다 새 접시로 바꿔 쓰도록 한다.

⑥ 젓가락으로 요리를 찔러 먹어서는 안 된다.

⑦ 중국식당에서는 녹차, 우롱차, 홍차 등의 향기로운 차가 제공된다.

⑧ 접대하거나 받는 자리에서 식사할 때 사업 이야기나 용건 등을 이야기하면 중국인들은 상당히 불편하게 생각한다.

❸ 일본 식사 예절

① 일식에서는 아주 예외적인 몇몇 경우를 제외하고는 젓가락만을 사용한다.

② 나무젓가락을 쪼갤 때는 테이블 위가 아닌 무릎 위에서, 세로가 아니라 가로로 들고, 좌우가 아니라 상하로 쪼갠다.

③ 젓가락은 젓가락 받침이 있는 경우에는 반드시 젓가락 받침 위에 놓고, 젓가락 받침이 없는 경우에는 젓가락이 들어 있는 종이 커버를 삼각형 또는 리본형으로 접어 젓가락 받침을 만들어 사용한다.

④ 그릇 위를 가로질러 평행하게 젓가락을 올려놓는 것은 그만 먹겠다는 신호이다.

⑤ 일식의 경우 젓가락만을 사용하기 때문에 된장국 등 국물이 있는 음식은 그릇째 들고 마신다.

⑥ 국물류나 소형 찜 그릇 등은 뚜껑을 덮은 채로 제공되는데, 이러한 음식은 식기 전에 빨리 먹는 것이 좋다.

⑦ 술이 조금 남았을 때 첨잔하는 것을 미덕으로 여긴다.

4 ○ 서양식 테이블 매너

서양에서의 식사는 하나의 문화와 사교의 형태로 정착하였으며, 성공적인 글로벌 비즈니스 커뮤니케이션을 위해 서양의 테이블 매너를 습득할 필요가 있다. 특히 서양식 테이블 매너는 한국의 테이블 매너와 많은 부분 차이점이 있는데, 그 이유는 한국요리는 한꺼번에 모든 음식이 차려져 나오는 '공간 전개형'인 반면 서양요리는 순서에 따라 음식이 서비스되는 '시간 전개형'이기 때문이다. 따라서 한국에서는 여러 사람이 식사할 때 모든 요리가 나오기 전에 먼저 식사하는 것이 예의에 어긋난다고 보지만, 서양에서는 음식의 서비스가 가장 먹기 좋은 온도에 상석부터 제공되므로 먼저 식사하는 것이 예의에 어긋난다고 보기 어렵다.

1 예약

(1) 예약 기본 매너

① 서양에서 식사 준비의 시작은 예약으로부터 출발한다.

② 이용 날짜와 시간, 인원수를 성인, 소아, 아동으로 구분하여 예약하고, 모임의 목적을 알림으로써 어울리는 자리나 선호하는 자리를 제공받을 수 있다.

③ 모임을 주최하는 호스트는 사전에 참가자의 특정 음식 알레르기 정보나 종교적 금기 음식 여부까지 확인하여 알리는 것이 좋다.

④ 중요한 모임이거나 익숙하지 않은 레스토랑인 경우 예약 시 사전답사를 통해 위치와 분위기, 좌석 배치를 확인하는 것이 좋으며, 참가 인원수의 증감이 있는 경우 레스토랑에 미리 알리는 것이 매너이다.

(2) 기피 음식 파악하는 매너

종교 등의 이유로 특정 음식을 꺼리는 사람이 손님 중에 포함되어 있을 때는 이를 위한 별도의 메뉴를 준비해야 하며, 또한 채식가나 특정 음식에 알레르기를 보이는 사람이 있는지 확인해야 한다.

1) 이슬람교/회교(Islamism)

① 돼지고기와 그 제품(햄, 베이컨, 소시지 등)을 넣은 음식은 회교도에게 서브하지 않는다.

② 양고기나 쇠고기라 하더라도, 엄격한 정통파 신자는 기도를 드리고 할랄식으로 잡은 것이 아닌 때에는 먹지 않으며 알코올 성분 음료, 즉 술도 법률에 금지되어 있다.

2) 힌두교(Hinduism)

① 힌두교도들은 쇠고기, 돼지고기와 그 제품을 먹지 않는다.

② 양고기, 생선 등은 금하고 있지 않으나, 채식만 하는 힌두교도들도 많다.

3) 불교(Buddhism)

① 불교는 모든 동물의 살생을 금하기 때문에 고기를 먹지 않으며, 또한 술도 마시지 않는다.

4) 유대교(Judaism)

① 정통적인 유대교인들은 돼지고기, 조개류, 쇠고기의 특정 부분은 먹지 않는다.

② 쇠고기는 소를 잡기 전에 기도를 드려야 하고, 생유(生乳)와 고기는 같이 먹고 마시지 않는다.

5) 모르몬교(Mormons)

① 모르몬교도들은 커피, 홍차 또는 술을 마시지 않는다.

② 담백한 음식만을 먹는다.

잠깐! 알아두기

채식주의자와 유형에 따른 섭취 식품

구분	종류	섭취 식품
베지테리안 (Vegetarian)	비건(Vegan) 채식	고기는 물론 우유, 달걀도 먹지 않음
	락토(Lacto) 채식	유제품
	오보(Ovo) 채식	달걀
	락토 오보(Lacto-ovo) 채식	유제품, 달걀
세미베지테리안 (Semi-vegetarian)	폴로(Pollo) 채식	유제품, 달걀, 생선, 닭고기
	페스코(Pesco) 채식	유제품, 달걀, 생선
	플렉시테리언(Flexitarian) 채식	채식주의자를 말하지만 경우에 따라 육류나 생선도 먹음

2 복장

(1) 복장 기본 매너

① 초청장을 받았다면 우측 하단에 복장(Dress)의 종류(White tie, Black tie, Lounge suit 등)가 표시되어 있을 수 있으니 확인이 필요하다.

② 평복의 색깔은 진한 회색이나 감색이 적합하며, 저고리와 바지의 색깔이 다른 것을 입는 것은 피하는 것이 좋다.

③ 블랙타이(Black tie)는 'Tuxedo, smoking' 또는 'Dinner jacket' 이라고도 불리며, 야간 리셉션과 만찬 시 주로 착용하기 때문에 '만찬복'이라고 한다.

④ 블랙타이는 흑색 상·하의, 흑색 허리띠, 백색 셔츠(주름 무늬), 흑색 양말, 흑색 구두가 1조를 이룬다.

⑤ 고유의상이나 제복, 예복도 착용 가능하며, 여성의 경우 한복 착용도 무난하다.

(2) 상황에 따른 복장

1) 야회복(White tie)

① 상의의 옷자락이 제비 꼬리 모양을 하고 있어 '연미복(Tail coat)'이라고도 한다.

② 무도회나 정식 만찬 또는 저녁 파티 등에 착용한다.

2) 약식 야회복(Black tie)

① 일종의 만찬복인 Black tie는 19세기로 영국의 'Dinner coat'를 뉴욕의 'Tuxedo Club'에서 연미복 대신에 착용한 데서 유래된 것이다.

② 예식적인 정식 만찬 이외의 모든 저녁 파티, 극장의 첫 공연, 음악회, 고급 레스토랑이나 유람선에서의 만찬 등에 입는 편리한 약식 야회복이다.

3) 평복(Lounge suit, Sack suit, Business suit)

① Lounge suit의 경우 'Informal'이라고도 한다.

② 예복을 입어야 할 경우인 방문, 오찬, 다과회, 만찬, 결혼식뿐만 아니라 일상 업무의 경우에도 상기 평복을 입어도 무방한 것으로 점차 변해가고 있다.

> **잠깐!** 🔍 **알아두기** ○○○
>
> **코트룸 서비스**
> 레스토랑에서 코트룸 서비스를 제공한다면 자리에 착석하기 전에 코트와 크기가 큰 가방 등을 맡기고 가벼운 옷차림으로 입장하는 것이 좋으며, 식사를 마치면 다시 코트룸에서 자신의 물건을 되돌려 받으면 된다.

3 자리 배치

(1) 자리 배치 기본원칙

① 고급 레스토랑에서는 직원이 테이블 안내 후 의자를 하나 빼주는데, 그 자리가 상석이다.

② 상석을 지정받았을 경우 지나친 사양은 실례가 될 수 있으며, 안내받은 테이블 위치가 마음에 들지 않는 경우 '저쪽 자리로 변경 가능할까요?'라는 식의 희망을 표시하는 것은 무방하다.

상석		말석
• 직원이 먼저 안내해 주는 자리 • 벽을 등진 곳	• 입구에서 먼 곳 • 전망이 좋은 곳	• 통로나 출입문에서 가까운 곳 • 벽 또는 출입문이 보이는 곳

(2) 좌석 배열

① 좌석 배열은 세심한 주의를 기울여야 하는 문제로서 참석자의 인원, 부부 동반 여부, 주빈(Guest of Honor) 유무, 장소의 규모 등 여러 가지 요소를 고려하여 결정해야 한다.

② 주빈(Guest of Honor)이 입구에서 먼 쪽에 앉도록 한다.

③ 연회장에 좋은 전망(창문)이 있을 경우, 전망이 바로 보이는 좌석에 주빈이 앉도록 배치한다.

④ 여성이 테이블(Table) 끝에 앉지 않도록 해야 하나 직책을 가지고 참석하는 경우 무관하다.

⑤ 부부는 원칙적으로 떨어져 앉는다.
⑥ 공동호스트가 있다면 호스트와 테이블을 두고 마주 앉는다. 그리고 나머지 사람들은 남성과 여성이 교대로 섞어 앉는 것이 일반적이다.

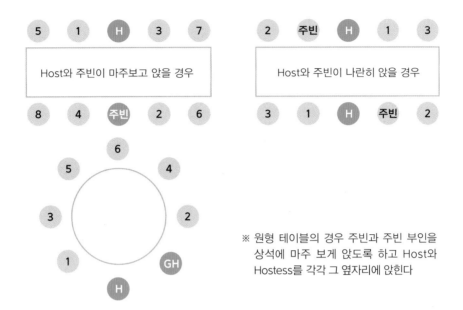

※ 원형 테이블의 경우 주빈과 주빈 부인을 상석에 마주 보게 앉도록 하고 Host와 Hostess를 각각 그 옆자리에 앉힌다

4 착석 및 태도

(1) 착석

① 남자 손님들은 자기 좌석의 의자 뒤에 서 있다가 자리 오른쪽 좌석에 부인이 앉도록 의자를 뒤로 빼내어서 도와주고, 모든 여자 손님이 다 앉은 다음에 착석하도록 한다.
② 테이블에서는 손목을 식탁에 가볍게 놓은 것은 상관이 없으나, 팔꿈치를 식탁 위에 올려 놓아서는 안 된다.
③ 팔짱을 끼거나 머리카락을 만지는 것은 금기되어 있으며, 양다리는 되도록 붙이고 의자 뒤로 깊숙이 앉는 것이 바른 자세라고 볼 수 있다.
④ 식탁 밑에서 다리를 앞으로 뻗거나 흔드는 것은 예의에 어긋난다.
⑤ 식탁에서 사람을 가리키면서 손가락질을 하거나 나이프나 포크를 들고 물건을 가리키는 것은 좋지 않다.
⑥ 포크나 나이프를 들고 흔들며 대화하는 것은 예절에 어긋나며, 식탁에서 지루하다고 몸을 틀거나 자주 시계를 들여다보는 것도 실례이다.

(2) 태도

① 테이블에서는 옆 사람과 자연스럽게 대화하며, 옆 사람 너머로 멀리 있는 사람과 큰 소리로 이야기하는 것은 자제하는 것이 좋다.

② 혼자서만 대화를 독점하는 것도 안 좋지만, 또 반대로 침묵만을 지키는 것도 실례이다.

③ 여성의 경우 식사 도중 핸드백은 자신의 등 뒤에 놓는 것이 좋고 식탁 위에 놓지 않는다.

④ 식탁에서 실수로 재채기나 하품을 했을 경우, 옆 사람에게 "Excuse me"하고 사과를 하고, 큰소리를 내거나 트림은 하지 않도록 주의한다.

5 냅킨

(1) 냅킨 사용법

① 냅킨은 반을 접은 쪽이 자기 앞으로 오게 무릎 위에 반듯이 놓는다.

② 단춧구멍이나 목에 끼는 것은 바람직하지 않다.

③ 부득이 자리를 잠시 비워야 할 경우(식사중 이석은 분위기를 해침) 냅킨은 의자 위에 놓아둔다.

④ 냅킨은 입술을 가볍게 닦는 데 쓰며, 식기를 닦거나 수건처럼 땀을 닦는 것은 예의에 어긋난다.

⑤ 식탁에 물이나 음료를 엎질렀을 경우, 냅킨을 쓰지 않고 Waiter를 불러 처리하도록 한다.

6 포크와 나이프

(1) 포크와 나이프 명칭

준비된 포크와 나이프는 주요리 접시를 중심으로 가장 바깥쪽부터 안쪽으로 사용하는 것이 일반적이며 될 수 있으면 포크는 언제나 왼손으로 잡는 것이 옳은 방법이다.

❶ Service Plate
❷ Napkin
❸ Hors d'oeuvre Knife
❹ Soup Spoon
❺ Fish Knife
❻ Meat(Dinner) Knife
❼ Hors d'oeuvre Fork
❽ Fish Fork
❾ Salad Fork
❿ Meat(Dinner) Fork
⓫ Dess Spoon
⓬ Dessert Fork
⓭ Bread Plate & Butter Knife
⓮ Butter Bowl
⓯ Water Glass
⓰ White Wine Glass
⓱ Red Wine Glass
⓲ Champagne Glass
⓳ Bread Basket
⓴ Salt & Pepper(Caster)

(2) 포크와 나이프 위치에 따른 의미

포크와 나이프를 접시 위에 여덟 팔자(포크는 엎어놓고 나이프는 칼날이 안쪽으로)로 놓으면 식사 중임을 의미하며, 둘을 가지런히 접시 위 오른쪽에 얹어 놓으면 식사가 끝났음을 의미한다.

| 사용할 때 | 식사 중일 때 | 식사가 끝났을 때 |

7 음식

(1) 빵 먹는 매너

① 빵 접시는 본인의 왼쪽에 놓고, 물컵은 오른쪽에 놓는다(좌빵, 우물).
② 빵은 나이프를 쓰지 않고 한입에 먹을 만큼 손으로 떼어 먹는다.
③ 빵은 수프가 나온 후에 먹기 시작하고, 디저트가 나오기 전에 마쳐야 한다.

(2) 수프 먹을 경우 매너

① 왼손으로 국그릇(Soup plate)을 잡고 바깥쪽으로 약간 숙인 다음에 오른손의 스푼으로 바깥쪽으로 떠서 먹는 것이 옛날 예법이며 요즈음은 그릇을 그대로 두고 먹어도 된다.
② 소리를 내서 먹어서는 안 된다.

(3) 손으로 먹을 경우 매너

① 서양에서는 식탁에서 반드시 나이프와 포크를 써서 음식을 먹는 것이 원칙이며, 손으로 먹는 것은 엄격히 금지되어 있다.
② 새우나 게의 껍데기를 벗길 때는 손을 쓰나 이 경우 Finger bowl이 나오므로 손가락을 반드시 씻어야 한다.
③ 생선의 작은 뼈를 입속에서 꺼낼 때는 이것을 포크로 받아서 접시 위에 놓는 것이 좋다.

(4) 음식 먹고 마시는 양과 속도

① 먹고 마시는 것은 절도있게 적당한 양으로 제한한다.
② 뷔페의 경우 너무 많이 먹는 것도 보기 좋지 않다.
③ 식사 중 속도는 좌우의 손님들과 보조를 맞추도록 하는 것이 좋다.

5 와인 매너

와인은 포도즙을 발효시킨 산물이다. 포도를 으깨 포도즙을 추출하고, 발효과정에서 알코올이 생성되어 와인이 된다. 와인은 다른 문화권의 주류 문화이기 때문에 한국의 술자리 예절과는 다른 모습이다. 특히 와인을 곁들인 비즈니스 식사자리의 경우 기본적인 매너를 지키지 못한다면 실례가 될 수 있으므로 와인에 대한 기본 상식과 매너를 습득해야 한다.

1 와인의 종류

① 레드와인 : 적포도를 껍질째 착즙하여 만든 와인이다.

② 화이트와인 : 청포도나 적포도의 껍질을 제거하고 착즙하여 만든 와인이다.

③ 로제와인 : 적포도의 색깔이 어느 정도 착색되면 껍질을 분리하여 만든 와인이다.

2 와인의 맛을 결정하는 요소

(1) 포도 품종

① 와인의 맛을 결정하는 가장 중요한 요소는 포도의 품종이다.

② 와인은 신선한 포도를 원료로 해서 발효과정을 거친 과실주이기 때문에 무엇보다 기초로 쓰이는 포도의 품종 특징이 와인의 맛을 결정하는 가장 중요한 요소가 된다.

[포도 품종에 따른 와인 맛]

까르베네 소비뇽 (Cabernet sauvignon)	탄닌을 많이 함유한 까르베네 소비뇽으로 와인을 만들었다면 그 와인의 특질은 떫은 맛이 주요 캐릭터가 될 것이다.
메를로 (Merlot)	부드럽고, 과일 향이 풍부하다. 주로 까베르네 소비뇽과 Blending을 한다.
샤르도네 (Chardonnay)	부드러운 맛을 지닌 샤르도네 품종으로 와인을 만들었다면 우아하고 부드러운 맛이 될 것이다. 향이 풍부한 게뷔르츠트라미너 품종으로 만든 와인은 농도가 짙은 와인이 될 것이다.
소비뇽블랑 (Sauvignon blanc)	소비뇽 블랑은 산도가 높고 초록 뉘앙스의 향이 지배적이다. 특히 구즈베리, 엘더 플라워 꽃향기와 라임, 레몬, 자몽의 감귤류 향과 잔디 향, 피망 향이 강하게 올라온다.

(2) 떼루아

① '떼루아'라는 단어는 토양을 뜻하는 프랑스어이다.

② 와인과 관련해 이 용어는 매우 복합적인 의미를 갖는다.

③ 포도밭의 입지, 토양, 지질, 기후, 기상, 강우량 등 복합적인 요소가 반영되어 와인의 생산에 영향을 미치는 것을 의미한다.

④ 고품질의 훌륭한 와인을 생산하는 산지가 일조량, 토양, 기상 조건 등의 떼루아에 깊은 영향을 받고 있다.

(3) 양조비법

① 양조비법은 와인의 맛을 얻는 데 중요한 역할을 한다.

② 품질이 좋은 와인을 얻기 위해 포도 품종 간의 블랜드와 배합 비율, 숙성 기간과 방법 등 여러 가지 양조기법이 적용된다. 이러한 와인 메이커의 노하우가 와인의 맛을 결정하게 된다.

3 와인 매너 기본원칙

(1) 와인 테이스팅

① 와인 테이스팅은 호스트가 맡는다.

② 테이스팅이란 새 와인을 오픈하고 맛을 보며 그 와인의 상태를 확인하는 과정으로 와인이 변질하였거나 다른 이상 상태가 있는지 확인하는 과정이다.

③ 호스트가 다른 손님에게 테이스팅을 권할 수 있으나 보통 여성에게는 권하지 않는다. 혹시나 와인이 변질하였을 경우 여성이 맛보게 된다면 큰 실례라고 생각하기 때문이다.

(2) 와인 서비스

① 와인이 서비스되는 순서는 여성과 연장자가 우선이다.

② 여성이 없다면 연장자의 남성이 우선이 된다.

③ 호스트는 가장 마지막 순서로 서비스받는 것이 일반적이다.

④ 와인을 서비스받을 때는 잔을 들지 않고 테이블에 올려 둔 채로 받는다.

⑤ 와인은 천천히 음미하면서 마시는 음료이기 때문에 처음 와인을 서비스받았을 때 한두 번 정도의 건배가 적당하며, 잔의 가장 볼록한 부분을 살짝 부딪치는 것이 좋다.

⑥ 와인을 서비스하는 사람은 와인이 남아있는 잔에 계속해서 첨잔하도록 한다.

⑦ 와인은 첨잔을 함으로써 맛이나 온도를 기호에 맞게 조절할 수 있다.

6 세계 각국의 에티켓

1 아시아

(1) 베트남

① 직설적으로 이야기하는 것을 예의에 어긋난다 여기기 때문에 구두 약속에 대해 주의를 필요로 한다.

② 베트남 인사말은 '신짜오'로 만날 때나 헤어질 때 항상 사용할 수 있다.

③ 다른 사람의 어깨를 만진다거나 팔짱을 끼는 것은 피한다.

(2) 태국

① 기도하는 자세와 같이 합장한 자세로 목례를 하며 '사와디캅(카)'이라는 인사말로 인사를 나눈다.

② 음식을 약간 남기는 것이 좋다. 배불리 잘 먹었다는 표현이다.

③ 관대함과 후함은 태국의 전통적인 가치 중 하나이므로 태국사람들 사이에 선물을 주고받는 문화는 일상적이다.

(3) 미얀마

① 대부분의 미얀마인이 종교 및 관습의 영향으로 쇠고기를 먹지 않으며, 일부는 돼지고기 또한 먹지 않는다.

② 미얀마에서 혀를 말아 튕기며 내는 '딱(혹은 똑)' 소리는 자신이 화가 났음을 나타내는 메시지다.

> **잠깐! 🔍 알아두기** ○○○
>
> **혀를 말아 내는 '딱(혹은 똑)' 소리**
> 혀를 말아 내는 '딱(혹은 똑)' 소리는 음식점에서 주문한 음식이 아주 늦게 나오거나 부당한 대우를 받았을 때 내는 소리로 욕과 비슷한 개념으로 사용된다. 젊은 남자들의 경우, 이런 사소한 오해로 주먹다짐까지 가는 경우가 있으니 주의하는 것이 좋다.

(4) 말레이시아

① 사전에 종교가 무엇인지를 확인하고 결례를 범하는 일이 없도록 해야 한다.

② 왼손은 부정한 것을 뜻하므로 양손 또는 오른손만을 사용하여 명함을 주고받는다.

③ 체면을 중시하기 때문에 누군가를 직접적으로 비판하거나, 실수를 지적하는 것을 피한다.

(5) 싱가포르

① 개인 생활을 중요시하기 때문에 저녁 식사 약속은 피하는 것이 좋다.

② 국제적인 비즈니스 도시인 만큼 일반적인 에티켓을 따르면 큰 무리가 없다.

③ 비즈니스에서 동반자관계 구축을 선호하며, 고위 경영진의 의견이나 결정이 중시된다.

(6) 인도

① 손님 접대를 중요시한다.

② 가죽이나 돼지가죽으로 만들어지는 선물은 피하는 게 좋다.

③ 카스트제도와 가부장적인 문화 때문에 종종 사고관이 다를 수 있다.

2 유럽

(1) 영국

① 영국은 신사의 나라로 전통과 질서, 복장 등이 까다롭다.

② 여성을 존중하는 문화로 엘리베이터나 대중교통 이용 시 여성이 먼저 탈 수 있도록 배려한다.

③ 실내에서 우산을 펴는 것과 사다리 밑을 지나가는 것을 불길한 징조로 생각하므로 유의하는 것이 좋다.

(2) 네덜란드

① 미팅 후 갑작스러운 저녁 식사나 술자리 제안은 선호하지 않는다.

② 호스티스가 식사를 시작한 후에 식사를 시작하는 것이 좋다.

③ 음식 낭비하는 것을 좋지 않게 생각하므로 접시에 있는 음식은 되도록 남기지 않는다.

(3) 스페인

① 악수, 포옹, 도스 베소스(dos besos) 등의 인사법이 있다.

② 한국과 달리 점심은 2~4시이며, 저녁은 9~11시 사이가 가장 일상적이다.

③ 모르는 사람의 인사에 응대하지 않는 것은 상대방을 무시하는 것으로 받아들여지므로 함께 인사말을 건네는 것이 바람직하다.

> **잠깐! 알아두기** ○○○
>
> **도스 베소스 dos besos**
> 두 번의 키스라는 의미의 도스 베소스는 양쪽 뺨을 번갈아 가며 맞대면서 하는 인사법으로, 반드시 입술을 뺨에 댈 필요는 없고 가볍게 쪽 소리를 내는 것이다.

(4) 독일

① 비즈니스 약속을 잡아야 할 때는 점심시간을 이용하는 편이 좋다.

② 일과 사생활을 엄격하게 구분하며, 보통 집에는 가까운 친구나 친척들만 초대한다.

③ 호스트가 식사를 시작하기 전까지 식사하지 않으며, 냅킨 역시 호스트가 먼저 무릎에 올려둔 후에 올린다.

(5) 오스트리아

① 소리 내서 음식을 먹거나 입을 벌리고 음식물 씹는 것은 예의에 크게 벗어난 행동이다.

② 시간과 장소에 맞게 옷을 입는 것을 중요하게 생각하며, 복장 규정을 둔 행사가 많은 편이다.

③ 종종 나이 많은 여성의 손에 키스하기도 하나, 외국인 남성은 피하는 것이 좋다.

(6) 이탈리아

① 일반적으로 점심은 13~14시이며, 저녁은 20~22시로 시간대가 정해져 있다.

② 외면을 중시하는 경향이 상당히 강하여 옷차림을 매우 중요하게 생각한다.

③ 직함을 자주 사용하고, 이름 없이 직함만 쓰는 경우도 있으므로 호칭에 주의가 필요하다.

(7) 프랑스

① 남녀평등 사상이 강하여 여성의 사회참여가 활발하다.

② 인사를 나눌 때 친한 사이에는 뺨에 가볍게 키스를 하기도 한다.

③ 프랑스인들은 외국인이 영어보다 프랑스어를 사용하는 것을 좋아한다.

④ 세계 최고 수준의 음식과 와인을 마시는 나라라는 자부심이 강하므로 테이블 매너를 잘 지켜야 한다.

⑤ 식사 시간에 즐거운 대화를 나누는 것을 중요시 생각하므로 프랑스 요리와 와인에 대한 상식을 가지고 있는 것이 좋다.

③ 미주

(1) 미국

① 자리에 앉으면 냅킨을 무릎 위에 놓는다.

② 웨이터에게 팁을 너무 적게 줄 경우 초대받은 상대방이 무안해할 수 있으므로 주의가 요망된다.

③ 타인의 그릇 위로 팔을 뻗는 것은 금물이다.

④ 대화할 때 상대방과 시선을 마주하는 것(Eye contact)을 중요하게 여긴다.

⑤ 식사 도중 코를 푸는 것은 실례가 아니지만, 기침이나 재채기를 하는 것은 실례이므로 입을 가려야 하며, 반드시 "Excuse me"이라고 말한다.

(2) 캐나다

① 다문화 국가인 캐나다에서는 각 종교, 민족의 특성에 따라 먹지 않는 음식이 있고 채식주의자도 상당히 많은 편이어서 이를 고려하지 않는다면 식사 자리가 매우 불편해질 수 있다.
② 저녁 식사에 초대되었다면 좋은 초콜릿, 꽃, 와인 한 병이 좋은 선물이 된다.
③ 비즈니스 관계에서는 악수로 인사를 나누지만 서로 더 친숙해지면 격식을 차리지 않을 수도 있다.

(3) 아르헨티나

① 매운 음식, 생선류(회포함), 국물 있는 음식 등은 대부분 선호하지 않는다.
② 자신을 먼저 소개하기보다는 모임의 호스트가 소개해줄 때까지 기다리는 것이 예의이다.
③ 식사에 초대받은 시간보다 30분 정도 늦게 도착하는 것이 일반적이다.

(4) 브라질

① 저녁 시간이 매우 늦은 편이라 9시나 10시 이후에 저녁을 하는 모습을 흔히 본다.
② 술을 한 잔 시켜놓고 한두 시간 대화를 즐기는 브라질 사람들에게 한국식 폭음은 이해하기 어려운 문화이다.
③ 관계를 매우 중요하게 생각하므로 항상 긍정적인 모습을 보이는 것이 좋다.

(5) 칠레

① 칠레 사람들은 특별히 기피하는 음식이 없으므로 개인의 식성에 따라 메뉴를 정하면 된다.
② 칠레 사람들은 해산물보다는 육류를 선호하는 경향이 있다.

4 오세아니아

뉴질랜드	퇴근 시간이나 주말에 약속을 잡는 것은 삼가야 한다.
호주	타인의 개인생활을 존중하고 자신의 개인생활을 보호받는 것이 권리라고 생각한다.

5 아프리카와 중동

(1) 남아프리카공화국

① 남아프리카공화국 비즈니스맨들과 식사할 경우에는 양식 또는 일식을 추천하고 싶다.

② 남아프리카공화국 식사문화도 유럽의 영향을 많이 받아 육류가 주된 음식이다.

③ 남아프리카공화국에는 일식이 상당히 고급 음식으로 인식되어 있으므로 남아프리카공화국 바이어들을 일식당으로 초대할 경우 이들을 중요하게 생각하고 있다는 인식을 심어줄 수 있다.

④ 인도계 비즈니스맨들은 무슬림(이슬람교도)이 많으므로 사전에 미리 물어보고 식사장소와 메뉴를 정하는 것이 좋다.

(2) 아랍에미리트, 사우디아라비아, 터키

아랍에미리트	집으로 식사 초대를 받았을 경우 아내나 다른 여성을 동반하지 않는 게 보통이다.
사우디아라비아	손님을 초대했을 때 극진히 대접하는 것을 예의이자 미덕으로 생각해 세 번 이상 거절하는 것은 예의가 아니라고 한다.
터키	지리적인 영향으로 다양한 음식의 문화를 갖고 있다. 종교적인(이슬람교) 이유로 돼지고기는 먹지 않고 쇠고기나 양고기를 먹는다.

① **문화의 특성, 기능, 구성요소**

문화의 특성	학습성, 공유성, 지속성, 창조성, 가변성, 체계성
문화의 기능	사회적 연대의 기초, 사회질서 유지, 인성 형성
문화의 구성요소	문화신념, 문화가치, 문화 규범

② **문화접변**

독립된 문화를 가진 둘 이상의 사회가 직접적인 접촉을 함으로써 문화가 변하는 현상이다.

문화수용	두 개의 이질적인 문화가 접하면서도 각각 자체 문화의 가치관과 특성을 그대로 유지하면서 공존하는 문화현상
문화동화	독특한 하위문화를 가진 집단이 그 사회의 주류 문화로 편입되는 현상
문화융합	서로 다른 사회의 문화 요소가 결합하여 기존의 두 문화 요소와는 다른 성격을 지닌 새로운 문화가 나타나는 현상

③ **문화 상대주의와 자문화 중심주의**

문화 상대주의	타문화를 존중하고 이해하는 개념이다. 각 지역의 문화는 그 나름대로 의미와 가치를 지니고 있으며, 우열을 정하거나 좋고 나쁜 것으로 비교할 수 없는 상대성의 속성이 있다.
자문화 중심주의	한 사회나 집단의 구성원들이 자신들의 문화가 가장 우월하다고 믿고 자기 문화의 관점에서 다른 문화를 이해하고 부정적으로 평가하는 태도

④ **글로벌 매너**

① 에티켓(Etiquette)은 사회 계약적 생활 규범으로 대중이 모인 장소나 타인 앞에서 지켜야 할 예의범절을 가리키는 말이다.

② 매너는 '에티켓'을 행하는데 '품위 있는 방식을 행동하는 것'으로 일상의 관습, 몸가짐을 의미한다.

③ 서양에서의 '식사'는 하나의 문화와 사교의 형태로 정착하였으며, 성공적인 글로벌 비즈니스 커뮤니케이션을 위해 서양의 식사 예절 습득이 필요하다.

⑤ 세계 각국은 각기 독특한 문화가 존재하므로 이에 맞는 글로벌 매너 학습을 통해 스마트한 세계인이 되어야 한다.

관광 서비스 매너(나태영, 천민호, 김수연) / 한올 / 2013.

관광서비스업 뽀개기(이정희, 박은숙, 박은애) / 한올 / 2019.

고객서비스 실무(심윤정, 신재연) / 한올 / 2015.

글로벌 고객서비스 매너(오지경, 주종대) / 새로미 / 2014.

글로벌 매너와 이미지 스타일링(지희진) / 한올 / 2016.

글로벌 비즈니스 매너와 에티켓(김혜영, 정봉희) / 한올 / 2020.

글로벌 에티켓과 매너(민혜성, 이승연) / 대왕사 / 2007.

글로벌 한류 트렌드 2021 / 한국국제문화교류진흥원 / 2021.

문화인을 위한 글로벌 매너와 에티켓(고종원, 장용운, 황지현) / 대왕사 / 2012.

문화와 관광(이주형, 송광인, 최영기, 류인평) / 기문사 / 2011.

문화관광론(이정학, 안범용, 이은지) / 대왕사 / 2020.

비즈니스 커뮤니케이션(임창희, 홍용기) / 비앤엠북스 / 2010.

비즈니스 커뮤니케이션(유순근) / 무역경영사 / 2016.

비즈니스 커뮤니케이션(이재희) / 한올 / 2021.

비즈니스 매너와 글로벌 에티켓(오정주, 권인아) / 한올 / 2014.

비즈니스 매너의 정석(김수연, 정태연) / 새로미 / 2012.

서비스 커뮤니케이션(강선아, 홍지숙, 김애경) / 백산출판사 /2021.

서비스 에티켓(원융희) / 대왕사 / 2009.

서비스경영자격 MAT.Module A(윤세남, 김화연) / 박문각 / 2021.

성공적인 면접과 취업의 길라잡이 비즈니스 매너의 이해(손일락, 김영식) / 한올 / 2013.

세계 문화와 관광(김정준, 정태연, 박준범) / 한올 / 2017.

세계 비즈니스 에티켓(이준의) / 백산출판사 / 2017.

열차객실승무원(코레일관광개발 인사혁신처 교육팀) / 다락원 / 2020.

이미지 메이킹과 글로벌 매너(정명희, 이원화) / 새로미 / 2018.

이미지 메이킹, 매너와 커뮤니케이션 스킬(강혜숙) / 지식인 / 2020.

이미지 컨설팅의 이해(정연아) / 이미지테크연구소 / 2018.

인간관계와 의사소통(이경순 외) / 현문사 / 2012.

조직 내 세대차이를 극복하라 / LG주간경제 / 2005.

직장예절과 비즈니스 매너(심윤정, 고샛별) / 양성원 / 2018.

칭찬은 고래도 춤추게 한다(켄 블랜차드 외) / 21세기 북스 / 2018.

팀장의 대화법, 서울(유동수 외) / 위즈덤하우스 / 2008.

호텔서비스 매너와 실무(고상동) / 백산출판사 / 2020.

365글로벌 매너(서여주) / 백산 / 2018.

네이버 백과사전

외교부 mofa.go.kr

커뮤니케이션 역량의 중요성 https://blog.lgcns.com/1207

한권으로 그리는 프레젠테이션(이재희) / 2010.

Seri, CEO Information / 2011.

http://www.lgeri.com/uploadFiles/ko/pdf/man/consul824_2_20050318104501.pdf

김민주

경기대학교 일반대학원 관광경영학 박사
현) 삼육대학교 항공관광외국어학부 조교수
　　(사)관광레저학회 이사
전) 정화예술대학교 관광학부 조교수
　　장안대학교, 동서울대학교, 백석예술대학교 항공서비스과 외래교수
　　위드플라이트 교육컨설팅 대표
　　엠에이엔엔 파트너 강사
　　(주)아시아나항공 사무장 및 기내방송담당 훈련원 교관

김시원

경기대학교 관광경영학과 졸업
경기대학교 일반대학원 관광경영학과 석사
경기대학교 일반대학원 관광경영학과 박사 수료
현) 한양여자대학교 호텔관광과 조교수
　　(사)한국호텔리조트학회 학술이사
전) (주)브랜드투어 이사
저서
- 여행사경영론 / 새로미
- 국외여행인솔실무 / 새로미

박은숙

일본벳부대학교 일본문학 박사 수료
경기대학교 일반대학원 관광경영학과 박사 / 관광학박사
현) 연성대학교 관광과 호텔관광전공 조교수
　　경북외국어대학, 세명대학교, 백석대학교, 신안산대학교, 경기대학교 등 강의
　　현대드림기획 이사
　　다이나믹 비즈니스칼리지 한국지사장
저서
- 오하요~ 첫걸음일본어 / 다락원
- 일본어뱅크 다이스키 8 / 다락원
- 신 일본어 능력시험 실전 모의고사 / 동양북스
- 관광학의 이해 / 기문사
- 두근두근 스토리가 있는 일본어 뱅크 도모다치 / 동양북스
- 커피바리스타 문제집 / 기문사
- 관광서비스업 취업[뽀개기] / 한올 외 다수

선진영

경기대학교 관광경영학과 졸업
경기대학교 일반대학원 관광경영학과 석사 졸업
경기대학교 일반대학원 관광경영학과 박사 졸업
현) 부천대학교 호텔관광경영과 겸임교수
    탑항공 여행사 근무
전) 백석대학교 관광학부 시간강사
    장안대학교 관광경영과 겸임교수
    브랜드 투어 근무
    관광경영학회 이사
저서
• 항공예약실무 / 기문사

심주리

현) 코레일관광개발 아카데미 팀장
전) 우송정보대, 영진전문대 겸임 교수
    열차승무아카데미 운영
    고속열차승무원 양성
저서
• 원큐패스 열차객실승무원 / 다락원

실무전문가로부터 배우는
비즈니스 커뮤니케이션

지은이 김민주, 김시원, 박은숙, 선진영, 심주리 공저
펴낸이 정규도
펴낸곳 (주)다락원

초판 1쇄 인쇄 2022년 2월 18일
초판 1쇄 발행 2022년 3월 4일

총괄편집 이후춘
책임편집 윤성미

디자인 정현석, 윤미정

다락원 경기도 파주시 문발로 211
내용문의 : (02)736-2031 내선 291~296
구입문의 : (02)736-2031 내선 250~252
Fax : (02)732-2037
출판등록 1977년 9월 16일 제406-2008-000007호

정가 20,000원

ISBN 978-89-277-7197-5 13320

● 다락원 원큐패스 카페(http://cafe.naver.com/1qpass)를 방문하시면 각종 시험에 관한 최신 정보와 자료를 얻을 수 있습니다.